Copyright Psykologinsats   2013

Olle Wadström
Platensgatan 24
582 20 Linköping
Mobiltel: 0708-616161

Hemsida: www.psykologinsats.se
E-post: bokbestallning@psykologinsats.se

Layout och illustrationer: Lars-Åke Pettersson
Foto: Ingimage
Andra tryckningen 2022

ISBN 978-91-527-4110-8

Idrottsglädje
Prestation
Utveckling

Kognitiv beteendeterapi för tränare, idrottare och föräldrar

Olle Wadström
Daniel Ekvall

Innehållsförteckning

Förord

Idén till denna bok är Daniel Ekvalls. Jag mötte Daniel för första gången då jag föreläste på GIH:s grundutbildning i kognitiv beteendeterapi med inriktning mot elitidrott som genomfördes på uppdrag av Riksidrottsförbundet och SISU Idrottsutbildarna.

En mycket stimulerande, frågvis och inspirerande grupp gjorde mig glad och styrkte mig i min uppfattning att idrott är ett område där beteendeinterventioner är självklara och helt nödvändiga.

Daniel kom senare i sin utbildning till steg-1 psykoterapeut med KBT-inriktning, att hamna i min handledningsgrupp som sträckte sig över tre terminer. Utbildningen var en specialdesignad KBT-utbildning för människor som hade idrottsutövare som främsta målgrupp. I handledningen presenterades en rad intressanta patientfall med idrottare som hade fått problem relaterade till sitt idrottande. Det handlade om allt från stress, prestationsångest, tävlingsskräck, dåligt självförtroende, överträning, depression till anorexia nervosa. Själva idrottsutövandet påverkades av och var ibland den direkta anledningen till ångestproblematiken. Vi kom även att diskutera de direkta idrottsliga beteendena. Hur effektiv inlärning bör arrangeras och vad den tillämpade beteendeanalysen (TBA) kunde bidra med. Vi gjorde beteendeanalys på beteenden som inte hade koppling till psykiska problem utan som handlade om åtgärder för träning och prestation.

Efter utbildningen på Bosön fortsatte Daniel och Sebastian Winkler, idrottsinriktad terapeut i samma handledningsgrupp som Daniel, i handledning hos mig. Daniel ställde frågan, om det inte vore en idé att skriva en bok om hur tillämpad beteendeanalys kan användas i idrottsvärlden. För mig som beteendeanalytiker och beteendeterapeut var detta mycket spännande och jag gick gärna med på Daniels förslag. Omgående bestämde vi oss för att starta bokprojektet och i december 2013 var vi klara. I boken har jag huvudsakligen ansvarat för det inlärningspsykologiska och beteendeanalysen, medan Daniel med sitt idrottskunnande ansvarat för den delen.

Det är vår förhoppning att boken ska komma till nytta i arbetet mellan tränare och idrottare, mellan föräldrar och idrottande döttrar och söner samt för idrottsledare på olika nivåer, inom såväl lagidrott som individuell idrott. Idrottare själva kan använda den för att förstå sina egna beteenden och lägga upp egna program för att förändra sitt beteende.

Vi vill tacka Sebastian Winkler, Jonas Andersson, Rasmus Liljeblad (fd Wallin-Tornberg) för synpunkter på vårt manus samt våra respektive, Elin och Barbro, som hjälpt oss med synpunkter på såväl text som innehåll.

Linköping, december 2013

Olle Wadström

VARFÖR GÖR DU INTE SOM JAG SÄGER?
JAG GÖR JU SOM DU...

Idrottsglädje
Prestation
Utveckling

Kognitiv beteendeterapi för tränare,
idrottare och föräldrar

Inledning

Få verksamheter är så fokuserade på beteende som idrott. Det handlar uteslutande om beteenden och mätning av beteenden eller som man oftast kallar det i idrottssammanhang "prestationer och resultat". Det handlar om mängd av beteende exempelvis vardagsträning, men framför allt om beteenden i form av prestationer med precision och styrka på högsta möjliga nivå vid tävling. Det handlar både om beteendenas kvantitet och deras kvalitet – vackra simhopp, felfria och avancerade piruetter, snabbaste utförande och antalet skott mot och i mål, först i mål, hoppa högst/längst, träffpoäng vid skytte, antal slag i golf, kilo i press och ryck osv.

När man diskuterar idrottsutövarnas beteenden är det vanligt att man förklarar det med olika karaktärsdrag såsom envis, målmedveten, träningsvillig och "vinnarskalle". Dessa termer säger oss något om hur personen beter sig, men det säger oss inget om hur vi skulle kunna påverka beteendena. Hur gör man en person mera målmedveten, vad gör en person mera envis? Samlingsord och beskrivningar såsom entusiastisk, vinnarskalle, självförtroende och mentalt tuff ger oss ingen förklaring hur det har blivit på det viset, eller hur dessa "egenskaper" vidmakthålls. De ger heller inga förslag på hur man kan åstadkomma eller vid behov få "egenskaperna" att upphöra. I boken ersätter vi talet om egenskaper med fokus på beteenderesponser och hur dess utförs.

Som idrottare kan man då och då hamna i en formsvacka, uppleva dåligt självförtroende eller helt plötsligt darra av nervositet. Det kan vara svårt att ta sig ur sådana perioder. Tänk om man som idrottsutövare och tränare kunde förstå varför man beter sig som man gör i olika situationer och tänk om man kunde analysera och se hur man borde bete sig för att ta sig ur formsvackan eller perioden med sviktande självförtroende.

Tränare, ledare och coacher har som sin uppgift att påverka idrottarna, men har inte alltid någon användbar teoretisk grund att förlita sig till i sitt arbete.

Det finns en metod att förstå vad som styr och vidmakthåller beteenden generellt och den kan tillämpas även på idrottsliga beteenden. Metoden eller synsättet är Tillämpad BeteendeAnalys (TBA) eller inlärningspsykologi/beteendepedagogik. Med beteendeanalys som verktyg kan man förstå varför människor gör som de gör.

Beteendeanalys är den inlärningspsykologiska kärnan i beteendeterapi eller KBT (kognitiv beteendeterapi).

Denna bok är skriven för att ledare, tränare, coacher, idrottare och idrottsföräldrar ska lära och förstå mekanismerna bakom mänskligt beteende med fokus på idrottsbeteenden. Exempel på vardagsproblem som söker lösning kan vara: Varför tränar han för lite alternativt för mycket, varför envisas han hela tiden med att gör fel beteenden vid utförandet och hur kan man göra för att finslipa beteendet? Varför presterar hon alltid sämre på tävling än på träning? Varför presterar hon sämre på hemmaplan? Varför kan han inte prestera när det verkligen gäller? Om man vill förstå och åtgärda problem som dessa, då är beteendeanalys verktyget.

Boken är ett försök till att uppmuntra idrottare, tränare och föräldrar att använda den inlärningspsykologiska kärnan i KBT – *tillämpad beteendeanalys* – för att förstå beteenden i sitt sammanhang.

Ett inledande exempel på hur man kan beskriva beteendet i sitt sammanhang med den formel som kommer att användas genomgående i boken;

Startande faktorer —— gör att —— **R**espons/beteende — för att/leder till — **K**onsekvenser

Nisse kommer hem från jobbet och det första han gör är att sätta på TV:n och titta på text-TV. Om vi ska förstå det beteendet, kan vi göra beteendeanalys.

Nisse är mycket sportintresserad och idag har hans lag spelat match. Han vet inte hur det gått och är nyfiken på resultatet. Nyfikenheten och tillgång till TV är startfaktorer (S) som gör att han reagerar eller beter sig som han gör (R) och äntligen får han veta resultatet. Detta är den efterlängtade konsekvensen (K), som gjorde hans beteende "värdefullt" och funktionellt – mödan värt.

Startfaktorerna (S) "gör att" Nisse genast sätter på text-TV:n (hans reaktion/ beteende [R] på S) "för att", som en konsekvens (K), få veta resultatet och stilla sin nyfikenhet.

Tillämpad beteendeanalys kan användas för att förstå, förklara och peka ut riktningen när man exempelvis vill förbättra dåligt självförtroende, utveckla koncentrationsförmågan, hantera en överträningsproblematik eller förbättra sin prestation vid tävling eller match. Alltid när beteenden ska förstås i sitt sammanhang, när man söker rätt åtgärder för att påverka beteendet, då är tillämpad beteendeanalys möjligheten.

Det är inte bara idrottsutövarens beteende som är av intresse och värt att analysera. Även tränarens beteende kan analyseras och förstås. Vad gör tränaren som påverkar? Gör tränaren det som är mest effektivt i den specifika situationen för att få idrottsutövaren att förändra sitt beteende i rätt riktning? Vad får vissa tränare att härja och skälla? Vilken effekt av skällandet gör att de fortsätter och vilken effekt får det på sikt för den aktive idrottutövaren? Är det effektivast att agera på det sättet eller finns andra sätt som på sikt skulle ge bättre resultat? Är det alltid bättre att berömma och uppmuntra? Det finns inga generella svar på dessa frågor, utan man måste göra beteendeanalys för att förstå vad som är lämpligt i det enskilda fallet och vad som händer om man gör på det ena eller andra sättet.

Boken innehåller inga generella lösningar, eftersom varje situation och människa är unik. Två idrottsutövare kan ha tillsynes identiskt lika beteenden, men deras likartade beteende kan ha vitt skilda orsaker och förklaringar. Två längdhoppare avbryter tävlingen och skyller på en sträckning i låret. Den ene längdhopparen bryter tävlingen på grund av en verklig sträckning, medan den andre bara skyller på en sträckning. I själva verket räddar han ansiktet, då han är orolig för att göra bort sig inför vissa personer i publiken – självförtroendet sviktar eller uttryckt i beteendetermer, han "flyr" från situationen.

För att förstå beteenden krävs att man har ett analysverktyg som är allmängiltigt och som duger till förklaringar av beteendet i varje enskild situation. Först då blir det möjligt att veta vilka faktorer som påverkar just här.

> Alla beteenden har en förklaring. Alla beteenden kan förändras. Tillämpad beteendeanalys är verktyget som kan förklara beteendet och därmed ge uppslag till hur man kan göra för att förändra det.

Vikten av beteendefokus

Ett av det mest utpräglade dragen hos TBA (tillämpad beteendeanalys) är den starka fokuseringen på beteende. Inom KBT brukar man skämtsamt säga att beteende är allt en död man inte kan göra. Det vill säga allt skeende som har med en levande person eller organism att göra.

Beteende finns av två huvudtyper: Beteende som vi kan styra med vår vilja – så kallat operant beteende – hit hör motoriska och kognitiva (tanke-) beteenden. Motoriska och kognitiva beteenden har vi lärt oss. Den andra typen av beteende är det så kallade autonoma beteendet. Hit hör alla beteenden som sker i vår kropp och våra inre organ, utan att vi ens tänker på det. Autonomt beteende är medfött och kan inte styras med viljan. Det autonoma beteendet är involverat i våra känslor.

Det starka beteendefokus man måste ha när man arbetar med TBA är riktat mot att fokusera främst på det motoriska beteendet och i viss mån det kognitiva. Det autonoma beteendet, som inte låter sig kontrolleras med viljan, påverkas indirekt genom förändring av de motoriska och kognitiva beteendena.

Inom idrotten vimlar det av beskrivningar – "idrottsslang" – av idrottare som inte är beteendefokuserade. Några exempel är karaktärsspelare, alibispelare, lat, bristande motivation, vinnarskalle, dåligt självförtroende och talangfull. Sådana beskrivningar talar inte om vilka beteenden som idrottaren använder eller inte använder. Följaktligen har man ingen aning om vad som eventuellt bör förändras hos den med dåligt självförtroende eller hur man ska komma tillrätta med alibispelaren. Sådana allmänna beskrivningar kan ha sitt intresse, men ska man arbeta med problem som idrottaren har, måste man översätta exempelvis "dåligt självförtroende" till beteendetermer. Hur kan man se att en idrottare har dåligt självförtroende? Vilka beteenden använder han/hon? Undviker hon att få en passning genom att vara tyst eller att stå stilla? Gör han ett "fegt" klubbval på tee? Har hon slutat att gå in i närkamper? Och passar hon bara bollen i sidled eller bakåt? Saktar han in i ansatsen sista stegen in mot plankan? Har hon slutat utmana motståndarna och dribbla med pucken?

Kan man som tränare och idrottare se beteenden som i dessa exempel, blir det tydligare vad vi ska jobba med att förändra. Vi förstår vad som måste göras för att känslan av självförtroende ska återkomma. Det blir hanterbart och förståeligt att mitt självförtroende höjs genom att jag, till exempel: börjar prata mer, röra mig mer, gå in i närkamper och utmana. På samma sätt kan man gå tillväga med uttryck som bristande motivation, lat och ofokuserad. Vilka beteenden finns eller saknas som tyder på att någon är omotiverad, lat eller ofokuserad?

Med hjälp av tillämpad beteendeanalys kan man också *förstå varför* någon gör ett fegt klubbval, passar bollen enkelt eller undviker att gå in i närkamper.

Andra förtjänster med beteendefokus är att inlärningen ökar då man kan ge feedback på beteendenivå. Kan jag som tränare se vilka konkreta beteenden som det är för mycket eller för litet av och berömmer rätt beteenden när de uppstår, så ökar chansen till inlärning. Istället för att ge feedback som "bra jobbat", "vad duktig du är" eller "vilken inställning du visar" kan man använda uttryck i stil med "vilken härlig löpning du tog hem till eget straffområde och rensade bort bollen", "vilka bra servereturer du hade med backhand i detta setet" eller "vad kul att se att du stannar kvar efter träningen och tränar bålstyrka". Med denna beteendespecifika feedback vet idrottaren exakt vad han eller hon gjort bra.

Vid arbete i ledarteam är det också fördelar att kunna prata om beteenden. Kommunikationen underlättas avsevärt av att prata om beteenden istället för ord som karaktärsidrottare eller vinnarskallar.

Att lära sig att se beteenden och att uttrycka sig i beteendetermer är A och O för att använda tillämpad beteendeanalys. Först när vi "förstår beteendet" kan vi fundera ut vad som behöver förändras.
Ser vi beteenden kan vi också ge feedback på beteendenivå vilket ökar inlärningen.
Beteendefokus underlättar kommunikationen – vi vet att vi pratar om samma saker.

Bokens struktur

I bokens inledande del – Tillämpad Beteendeanalys – presenteras och förklaras inlärningspsykologisk teori, de mekanismer och begrepp som styr mänskligt beteende. Dessa används när man gör beteendeanalys. Vi varvar hela tiden med idrottsexempel. I detta sammanhang beskrivs också utifrån en inlärningspsykologisk förklaringsmodell; varför man idrottar, varför man slutar med idrott, hur man får till en utvecklande och långvarig idrottskarriär samt hur faktorer i omgivningen påverkar idrottares beteende.

Därefter beskrivs hur beteenden lärs in och hur man kan effektivisera inlärningen. Senare ges en inlärningspsykologisk syn på känslor och känslors inverkan på beteenden och prestationer.

Tillämpad beteendeanalys

Tillämpad beteendeanalys består av kunskaper om inlärning och motivation och hur beteenden uppstår. När man gör beteendeanalys söker man förstå varför personen gör som han gör och kanske även hur det gick till när han började bete sig på just detta vis. Förståelsen gör det ofta möjligt att arrangera en situation som påverkar och förändrar beteendet i framtiden.

Med tillämpad beteendeanalys kan man inte besvara frågan vad man självklart *ska* göra, men man kan förutsäga vad som sannolikt blir resultatet av att göra på det ena eller andra viset. Om man förstår varför en person beter sig som han gör, blir det lättare att besluta sig för, hur man ska göra – vad man ska ändra – för att uppnå sina syften. Man slipper chansa, gissa, planlöst pröva och hoppas på att det man gör är det bästa och att det kommer att leda till önskat resultat.

Som tränare, lärare eller förälder har man ett särskilt ansvar för att arrangera situationerna kring dem man har hand om. Man ska inte behöva pröva sig fram och testa den ena eller andra metoden, utan att veta vad det kan leda till. Tillämpad beteendeanalys är en genväg att hitta vad som kan vara mest gynnsamt direkt, så att inte tillfälligheter, chansningar, gissningar eller ounderbyggda "tips" från kollegor får styra vad man gör. Vissa tränare hävdar exempelvis att man ska vara sträng och krävande, medan andra säger att man ska leka fram intresset och lusten. Båda dessa råd kan vara rätt. Det viktiga och avgörande är att veta när det är lämpligt att bete sig på det ena eller andra viset.

Alla människor har sina behov och egenheter, så det finns inte någon enda patentmedicin som passar i alla situationer, för alla tillfällen och för alla individer. Här krävs istället ett förhållningssätt som är så beskaffat att det tar hänsyn till varje individs egenheter, behov och den rådande situationen. Här kommer beteendeanalysen väl till pass. Den uppfyller dessa krav på flexibilitet, dessutom bygger den på strikta principer, som har vetenskapligt stöd.

Där traditionell idrottspsykologi främst vänder sig till friska som vill förbättra prestationer och kognitiv beteendeterapi vänder sig till sjuka som vill må bättre, använder vi tillämpad beteendeanalys till båda grupperna. Den är användbar både vid prestationsutveckling och vid psykisk ohälsa.

"Motivation" – vad får människor att bete sig som de gör?

Att röra på kroppen är så kallat motoriskt beteende. Motoriskt beteende är inlärt. Ingen föds med färdiga beteenden, som de kan utföra med precision. Vi föds med förmågan att röra armar och ben, men vi måste lära oss behärska våra muskler för att det ska bli viljemässigt kontrollerbara beteenden. Vi måste lära oss gå, springa, hoppa, cykla osv. När vi väl lärt oss ett beteende kan vi starta det när vi vill – motoriska beteenden är alltså viljemässigt kontrollerbara.

Samma gäller kognitiva beteenden eller tankebeteenden. Vi föds med en hjärnbark, som utvecklas under uppväxten och som ger oss möjlighet att vara logiska och dra slutsatser. Men först när vi lärt oss, räkna i huvudet, läsa och tolka en text eller resonera om vädret, kan vi göra det. Vi kan inte resonera om "överträning" om vi inte vet eller förstår vad detta begrepp står för och vi kan inte tänka "överstegsfint" om vi inte känner till begreppet.

Eftersom motoriska och kognitiva beteenden är viljestyrda, måste något göra att viljan att använda dem finns. Något måste orsaka eller ge "motivation". Detta något kallas förstärkning. Förstärkning syftar på att benägenheten att använda ett beteende ökas eller förstärks. Förstärkning är det som händer omedelbart efter eller i samband med beteendet och som gör beteendet "värdefullt" eller visar att beteendet är funktionellt.

Jonas tränar för han tycker att det är roligt. Känslan att det är roligt kommer när han tränar och förstärker hans beteende att träna. Om detta är enda anledningen till att han tränar, då skulle han sluta träna om känslan försvann.

Lisa blir påhejad då hon löper sprintlopp, då hon nästan alltid vinner över sina klasskamrater. Att vinna, att bli påhejad och att bli beundrad är hennes förstärkningar. De gör att hon gärna springer och tränar.

Ola (6) får ut pappa på gräsmattan, när han tar fram fotbollen. Att kicka boll med pappa är det bästa han vet. Pappas intresse och engagemang är Olas förstärkning, som ökar sannolikheten för att Ola ska ta fram bollen igen, när pappa är i närheten. Förstärkningarna ändras över tiden och efter en tid tycker Ola att det är roligare att spela med grannkompisen. Det blir också spännande när man delar upp i lag och kör match. Spänningen och att göra mål blir förstärkande, liksom att kanske vinna. Efter en tid är inte Ola lika självklar målgörare längre, men han fortsätter ändå att vara motiverad att spela fotboll. Nya förstärkningar har gjort debut. Nu är det samvaron med kompisarna och gemenskapen i laget som blivit förstärkare, liksom tränarens uppmärksamhet och positiva kommentarer.

Inget motoriskt eller kognitivt beteende kan "överleva" om det inte får förstärkning då och då. Alla som tränar gör det för att något förstärker dem att träna. De som slutar att idrotta får inte tillräcklig förstärkning för att motivera dem att fortsätta.

Om förstärkningen består i att man får något till sig – exempelvis beröm, positiv känsla, uppmärksamhet, något att äta eller dricka – då kallas förstärkningen *positiv* förstärkning. Positiv syftar på att personen blir förstärkt i sitt beteende genom att han erhåller något – får något till sig, blir plussad, addition är samma som positiv. Detta något måste påverka beteendet i ökande riktning, annars är det inte förstärkning.

Positiv förstärkning

Lisa och Anna (9) tränar på att passa varandra under en fotbollsträning. Övningen går ut på att passa varandra med den "sämsta foten", i Lisas fall den vänstra. Precis när Lisa slagit till bollen ropar tränaren "Bra Lisa! Vad bra att du träffade bollen mitt på insidan av vänsterfoten". Lisa ser också att bollen går rakt till Anna, vilket får henne att känna sig kompetent. Tränarens beröm och känslan av att hon lyckats med något kommer göra att hon tränar fler passningar med "fel" fot den kommande tiden.

Tränarens beröm och Lisas känsla av att vara kompetent är positiva förstärkningar, eftersom de leder till att Lisas beteende ökar.

Allt kan vara positivt förstärkande, men det är stora olikheter vad som förstärker olika personer. Vissa personer blir positivt förstärkta av att titta på sportnyheter och gå på speedwaymatch. Andra blir förstärkta av att läsa böcker, vandra i skogen, titta på fåglar, tippa eller prata bilar och meka med kompisarna i garaget. Åter andra blir förstärkta av en pris snus, en kall öl eller av att titta på naturprogram på TV.

Men de vanliga små sociala förstärkningarna är kanske de viktigaste och mest förbisedda. Ett leende, en nickning, ett "bra" och till och med en blick fungerar ofta som förstärkning och får personer att upprepa det beteende de gjorde då leendet skymtade fram. Några ord om vädret kan fungera på samma sätt. De små sociala förstärkningarna är själva smörjmedlet i vår samvaro med varandra. Ofta tänker vi inte på dessa små "händelser" som betyder så mycket för oss. Avgörande är naturligtvis på vilket sätt de små sociala beteendena ges. Ett leende kan bli ett hånleende, om det ges vid fel tillfälle, en kommentar kan vara en retlig kommentar om den ges vid fel tillfälle eller av fel person.

> Avgörande för om en företeelse verkligen är en förstärkning, är att den ökar sannolikheten för att beteendet ska upprepas eller öka i framtiden.

Tränaren berömmer Kalle för att han tränar extra bålstyrka, men Kalle slutar ändå med att träna extra bålstyrka. Berömmet fungerar uppenbarligen inte som en förstärkare och ger inget ökat beteende, inte ens vidmakthåller det. Inga förstärkningar – inget beteende. Värt att poängtera är alltså att positiv feedback inte behöver vara detsamma som positiv förstärkning.

En mängd faktorer, saker och företeelser kan fungera som positiva förstärkare inom idrotten.

Jens och Magnus är 12 år och hoppar längdhopp. På en träning hoppar de exakt lika långt, 4 m och 20 cm, vilket är längre än de andra barnen i gruppen. Direkt efter träningen samlas de och fikar tillsammans med de andra barnen och ledarna. Ledarna skämtar som vanligt och barnen skrattar högt. Jens tänker, "vad kul att jag hoppade längst idag. Roligt att vinna". Magnus tänker, "vad roligt att vara här med alla kompisar och trevliga ledare, dessutom är det alltid gott med fika". För Jens del är att vinna och hoppa längst den positiva förstärkningen, men för Magnus del är de positiva förstärkningarna den sociala samvaron och fikastunden. Att enbart få ensidig förstärkning när man vinner och presterar bättre än andra har en inbyggd problematik som vi återkommer till längre fram.

För att förtydliga kan alltså en mängd saker vara positiva förstärkare. Det varierar från person till person och situation till situation vad som är förstärkande. Att få beröm och uppskattning, ett leende, känslan av att vara kompetent, vinna närkamper, höra publikens jubel, känslan av att orka, rörelseglädjen, att umgås med vänner, en klapp på axeln, guldmedalj i OS och mycket, mycket mer kan vara förstärkande.

Ledare och tränare har vanligen oerhörda möjligheter att förstärka sina adepter bara med sin uppmärksamhet, sitt leende och sina frågor och små ärligt menade erkännande kommentarer. Små omärkliga förstärkningar påverkar oss stundligen, utan att vi ens är medvetna om det.

Beteendeanalys sammanfattas i en formel

Skrivsättet som används för att göra sin beteendeanalys överskådlig är en formel.

I formeln står S för stimulus (situationsfaktor/startstimulus), R står för beteende eller reaktion. Med R (reaktionen) avser vi det beteende, som man söker en förklaring till – som vi vill analysera. Vi ser beteendet som en reaktion på något i situationen (S). Konsekvenserna (K) är det som gör beteendet betydelsefullt eller meningsfullt och värt att utföra och upprepa det vill säga förstärkning.

Om vi tar exemplet med Lisas passning från tidigare så kan det se ut så här:

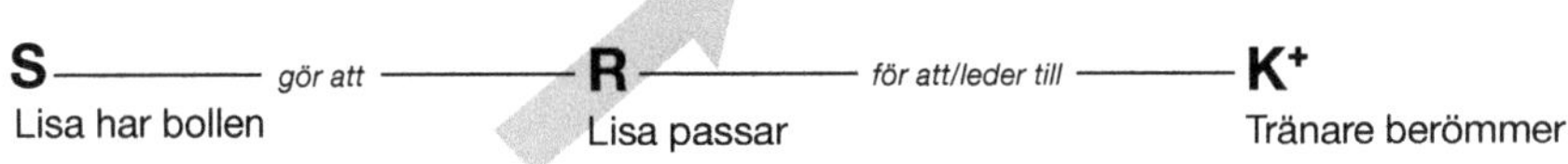

Berömmet fungerar som en förstärkning, om sannolikheten för att Lisa i framtiden ska passa mera ökar (som pilen i figuren visar). Det är alltså beteendet som visar om tränarens beröm (K^+) fungerade som en förstärkning. Det måste leda till flera passningar från Lisa eller åtminstone att hon fortsätter att passa. Man kan även tänka sig att det faktum att passningen lyckades fungerar som en förstärkning.

Beteenden som får förstärkning kommer att upprepas. Det är detta som är definitionen på förstärkning. Om beteendet inte upprepas, då har det inte fått förstärkning. Alla beteenden är beroende av en eller flera förstärkningar för att inte försvinna.

Ett exempel från simhopp där tränarens uppmärksamhet och kommentar fungerar som förstärkning på beteendet att sträcka på vristerna:

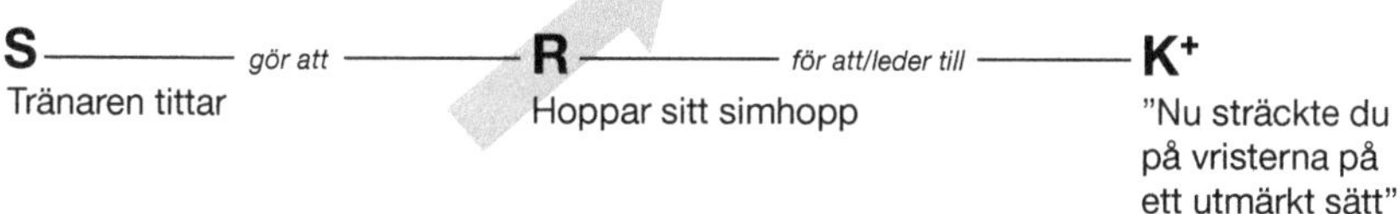

Vi reagerar alltså på ett startstimulus (S) med en reaktion (R) för att uppnå en konsekvens (K). Mänskligt beteende (R) – hur vi reagerar uppstår alltid i ett sammanhang och har sina orsaker i sammanhanget. Vi beter oss inte slumpmässigt utan medvetet eller ofta omedvetet väljer vi beteende utifrån situationen (S) och utifrån vad vi för tillfället vill uppnå (K). Vårt beteende är alltid en reaktion (R) på de stimuli (S) som råder i situationen och samtidigt har reaktionen eller beteendet ett medvetet eller omedvetet syfte, "avsikt", eller eftersträvad konsekvens (K). Positiv förstärkning skrivs fortsättningsvis endast med "K", om det inte krävs ett + för tydlighetens skull.

Om vi återgår till formeln så sammanfattar man alltså sin tillämpade beteendeanalys så här:

S ——— gör att ——— R ——— för att/leder till ——— K
Stimulus/flera stimuli   **Respons/beteende**   **Konsekvens/er**

Med hjälp av denna formel kan man enkelt visa vilka stimuli som gör att ett visst beteende väljs och varför (för att det leder till förstärkning). Ett fotbollsexempel:

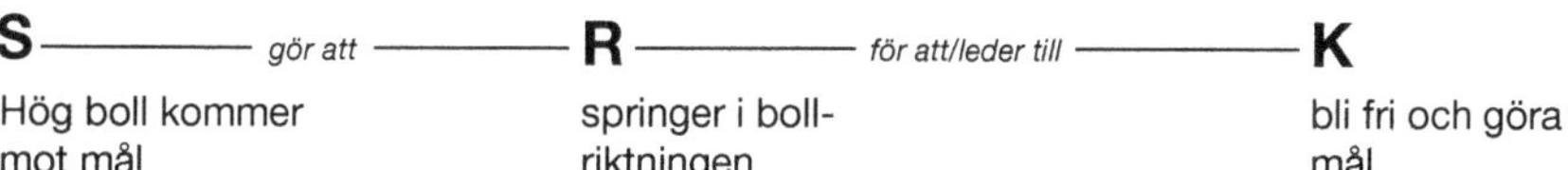

Ett annat exempel handlar om domarens beteende att blåsa i visselpipan:

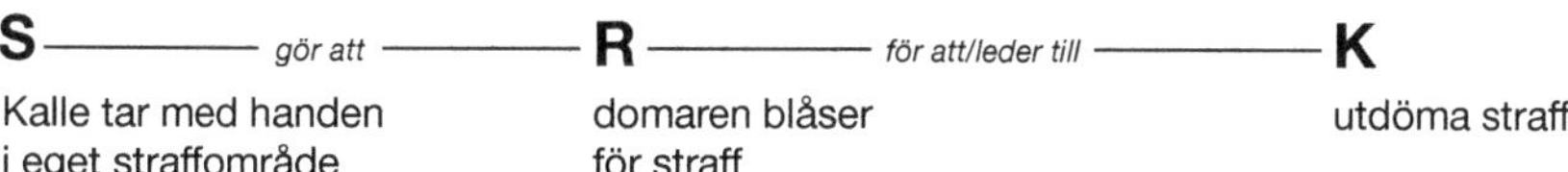

För domaren är det förstärkande att döma rättvist och korrekt.

Anledningen till att det står både "för att" och "leder till att" är att det kan variera hur det är lämpligt att beskriva. Första gången jag gör ett beteende kan det överraskande "leda till att" jag får en förstärkande konsekvens (kompisarna skrattar när jag skämtar eller min första fotbollsträning upplevs rolig). Beteendet förstärks och jag fortsätter med beteendet "för att" det ger något (förstärkning). Medvetet eller omedvetet skämtar jag "för att" kompisarna skrattar och jag åker till fotbollsträningen "för att" det är roligt.

Varje litet beteende varhelst det sker har alltid stimuli som startar det och konsekvenser som är avsikten att uppnå med beteendet. Exemplen ovan är enkla att förstå, men kan vara mycket komplicerade. Nästa exempel visar ett mera komplicerat sammanhang och handlar om Pelle som går till mamma och "ber om att få börja träna judo". Pelle har sett judo på TV och blivit intresserad. Dessutom har han hört av kompisarna att det är "dödshäftigt". Hans idrottslärare är tränare i judoklubben och han har vid ett tillfälle sagt i förbigående att "du Pelle, jag tror att du skulle kunna bli bra i judo".

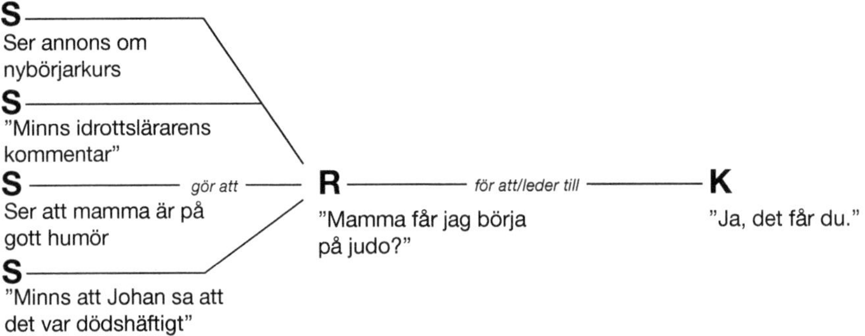

Exemplet visar att ett beteende kan ha flera verksamma stimuli, som samverkar till att beteendet utförs i ett visst ögonblick. När man ser vilka stimuli som varit verksamma är det lätt att inse att Pelle valde att göra beteendet just i detta ögonblick.

Ett beteende (R) kan också ha flera "syften", avsikter eller förväntade konsekvenser. Stina (frisim 50 och 100 meter) har ökat sin träningsdos väsentligt de senaste tre veckorna i april. Detta är anmärkningsvärt, då Stina tidigare varit mindre träningsvillig hela vintern. En beteendeanalys av Stinas ökade träningsbeteende ger följande klarhet:

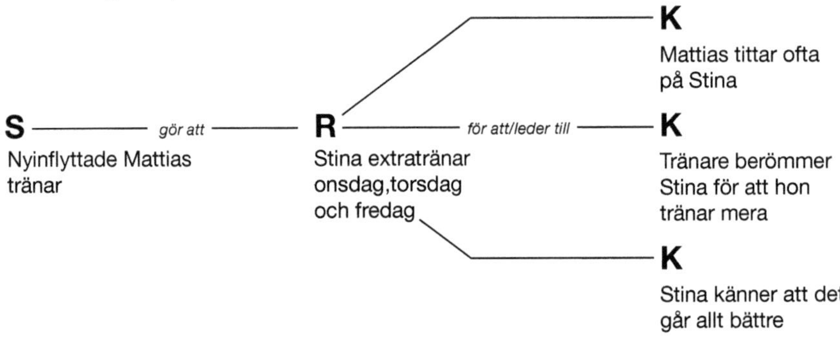

Flera konsekvenser kan medverka till att göra ett beteende mera "intressant" eller värdefullt och angeläget. Man kan säga att det är de förstärkande konsekvenserna av beteendet som skapar motivation.

Idrott och positiva förstärkare

För att hålla på länge med idrott och för att utvecklas så mycket som möjligt är det viktigt att idrottandet har många positiva förstärkare, en bred förstärkningsbild. Om jag idrottar för att det känns skönt, för att aktiviteten är rolig, för att tränaren ger mig bra instruktioner, för att mina vänner är med och för att jag utvecklas så har jag många förstärkningar och kommer säkert fortsätta att idrotta även om någon av mina förstärkare försvinner. Om jag däremot bara idrottar på grund av en enda positiv förstärkare, för att en kompis är med eller för att vinna så kommer jag sannolikt sluta när den förstärkaren försvinner.

Som ledare och förälder är det viktigt att uppmuntra (förstärka) önskvärda beteenden som har med prestation och egen utveckling att göra istället för resultat och att vinna. Har man för mycket fokus på resultat kan det innebära ökad stress, bristande utveckling i sin idrott och i värsta fall utslagning. Om vi använder vår formel för beteendeanalys kan det, genom ett tennisexempel, se ut så här:

Ledare och föräldrar fokuserar på att vinna och att nå resultat:

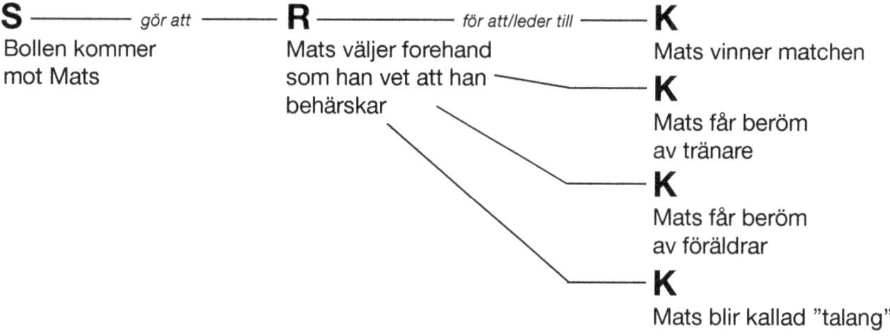

I detta fall kommer sannolikt förstärkarna (K) göra att Mats fortsätter att välja forehand. Mats är 13 år och för tillfället fysiskt större än många han möter och han märker att det räcker bra med att slå hårda forehands över nät. I själva verket märker han inte själv att han väljer forehand utan han gör bara de beteenden som förstärkts. Det sker automatiskt. Han försvarar sin talangstämpel. Eftersom han håller fast vid sin forehand kommer det troligvis innebära att hans motståndare över tid kommer att växa i fatt och gå om honom i utvecklingen. Sannolikt kommer då Mats att vilja sluta med tennis eftersom förstärkaren att vinna har försvunnit. Det är alltså viktigt att tänka på att utveckling och kortsiktiga resultat inte går hand i hand. Att bara kunna ett slag i tennis är inte utveckling.

I ett annat tennisexempel där ledare och föräldrar har mer fokus på prestation och utveckling kan en beteendeanalys se ut så här:

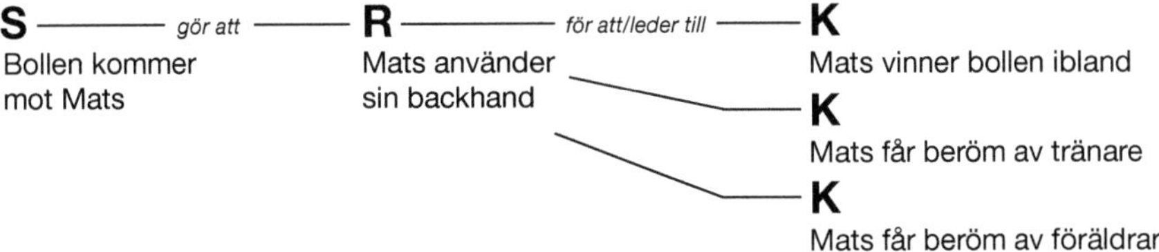

I detta fall får Mats beröm för att han vågar testa olika slag. Det viktiga för tränare och föräldrar är att Mats utvecklas i sin idrott och att han fokuserar på sina egna prestationer. Med denna förstärkningsbild kommer Mats sannolikt fortsätta prova nya slag och på så vis utvecklas som tennisspelare.

Förutom att idrotta på grund av; a) olika positiva förstärkare, b) positiva förstärkare från egen prestation och utveckling istället för resultat och jämförelse med andra så är det också c) en fördel om de positiva förstärkarna främst är av inre karaktär – det kallas att idrotten är självförstärkande.

För uthålligt idrottande och idogt tränande krävs att själva utövandet av sporten – att "hålla på med" – är roligt det vill säga förstärkande i sig självt. Om det dessutom finns flera förstärkningar så är detta bara en fördel, men självförstärkningen eller det lustfyllda förhållandet till utövandet är en nödvändig grund.

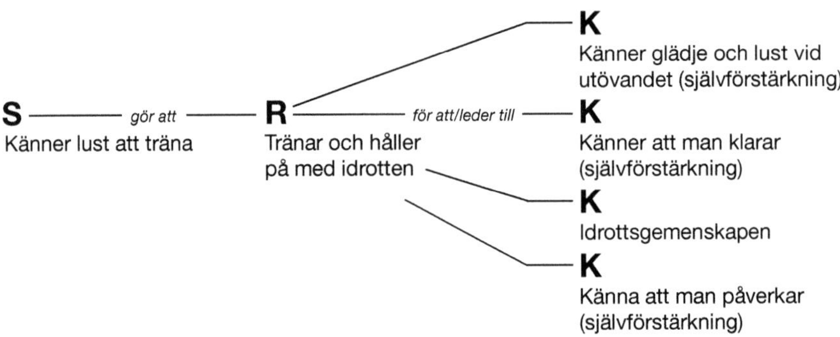

Ovanstående beteendeanalys kan ses som en riktlinje för hur man når en långvarig och utvecklande idrottskarriär. Som ledare och förälder kan man ha den i åtanke när man planerar träningar eller ger feedback till sina adepter.

> Att arrangera träningar, tävlingar och matcher där idrottarna på individnivå känner att de klarar av, kan påverka och känner gemenskap är avgörande förstärkare som skapar ett livslångt idrottsintresse.

Sammanfattning – positiv förstärkning

I princip kan allt fungera som positiv förstärkning. Allt från en blick, ett leende, en fråga från tränaren, att komma trea i DM, slå personligt rekord, stolthet över egen prestation, publikens jubel, hejaklackens skrikande eller vinna en guldmedalj i OS. Men även ett beteende kan i sig självt fungera som förstärkning – det vi kallar självförstärkande beteenden. Att utföra en viss typ av träning kan vara självförstärkande exempelvis skottövning eller matchspel. Det ideala är ju att idrottsutövandet i sig självt är ett självförstärkande beteende, på det sätt som det åtminstone i början fungerar för varje intresserad idrottare.

Som tränare ska man inte underskatta sina möjligheter att förstärka idrottare. Bara att tränaren tittar på, frågar hur det går, ger ett leende, berättar något roligt om sig själv, ger råd, skrattar och applåderar, jublar, gör high fives, kramar om, berättar om idrottaren för andra när idrottaren själv är med eller bara tittar på, kan vara förstärkande.

Att känna att man kan påverka är förstärkande, liksom att komma på saker, komma underfund med något och känna att man behärskar något. Den tränare som kan arrangera så att idrottarna upplever detta har effektiva ledarbeteenden och blir sannolikt själv förstärkt av det bemötande han får av idrottarna.

Det är inte avgörande vad den positiva förstärkning består av, utan det är dess inverkan eller funktion på det beteende som omedelbart föregår den. Om beteende vidmakthålls eller ökar i frekvens, då har det blivit förstärkt. Det är således hur beteendet påverkas, som avgör om det fungerat som förstärkning eller inte.

Negativ förstärkning

Tidigare har vi sett att motivation som ger mer beteende kan ske via positiv förstärkning. Vid positiv förstärkning adderas (positiv) något till individen. Individen får något – ett leende, blick, en kommentar, ett pris/vinst.

Ett beteende kan också förstärkas genom att det gör att något oangenämt eller oönskat undviks eller försvinner. Att bli av med, subtraktion (minus) kallas negativ förstärkning. Det blir "minus" istället för "plus", men för att detta ska vara förstärkande måste det man undviker, blir av med eller befrias från, vara olustigt, obehagligt, smärtsamt eller oönskat av någon anledning. Idrottaren gör beteendet för att undvika obehag, vilket förstärker till att använda samma beteende vid nästa obehag.

Här följer ett exempel när man tar till ett beteende för att undkomma något obehagligt:

Tina Nordlund var under slutet av 90-talet och början av 2000 -talet en firad stjärna i damlandslaget i fotboll. I november 2000 tilldelades hon bland annat Diamantbollen, priset för Sveriges bästa damfotbollsspelare. Utåt sett var allt frid och fröjd och hon stod på toppen av sin karriär, men sanningen var en annan. Tina har själv berättat att hon under toppen av sin karriär drabbades av prestationsångest och anorexi. Denna jobbiga tid skriver Tina om i boken "Genom helvetet – om fotboll, kärlek och anorexi". I boken beskriver Tina bland annat denna händelse (www.aftonbladet.se artikel från den 22/8 2006):

"Matchens sista minut varade en evighet, och långsamt började jag fundera på hur jag kunde fly från allt. Jag kunde inte vara kvar i landslagsdräkten i en EM-final om jag skulle springa runt och vara skraj. Jag visste att Marika hatade, verkligen hatade, fega spelare. Jag hatade dem också. En bra spelare vågar, annars har man ingenting i laget att göra". Domaren blåste av - 90 minuter. Matchen skulle avgöras i sudden death - "Plötslig död". Och jag hade dött för länge sedan. Vi samlades vid avbytarbänken för ett kort taktiksnack. Mest pep-talk och påfyllning av vätska för att orka en hel förlängning. Mackan pratade om att vi måste hålla koncentrationen uppe, att vi inte fick slappna av eller glömma."

- Jag har ont i baklåret. Jag vet inte om jag kan fortsätta.

Någon avbröt Marika mitt i en mening. Det dröjde en sekund innan chocken lagt sig och jag förstod vad som hänt. Herregud! Det var min röst, det var jag som pratade.

Marika:

- Pröva att köra ett par ruscher längs med kanten och se om det håller. Annars måste vi byta.

Jag sprang, testade skadan som inte fanns. Hela kroppen var inriktad på flykt, rädsla, att slippa all press och alla risker.

- Nej, det går inte, ljög jag igen.

En klapp på axeln från Marika, så bytte hon in Therese Sjögran.

I samma artikel i Aftonbladet beskriver Tina händelsen så här: "Egentligen borde jag ha sagt som det var, men jag skämdes som en hund. Istället för att säga att jag inte klarade pressen sa jag att jag hade ont i låret och inte kunde spela vidare. Jag fejkade en skada för att slippa riskera att misslyckas".

Att fejka en skada för att slippa risken att misslyckas är här ett exempel på ett beteende som är negativt förstärkt. Det obehagliga försvinner i stunden.

Ett annat exempel på negativ förstärkning är beteenden som leder till att värk släpper. Om Pelle har ont i ett lår och smörjer sig med en viss typ av salva som gör att värken försvinner kommer Pelle med stor sannolikhet att upprepa sitt beteende, om han i framtiden får liknande värk. Beteendet att smörja sig med salva har blivit negativt förstärkt.

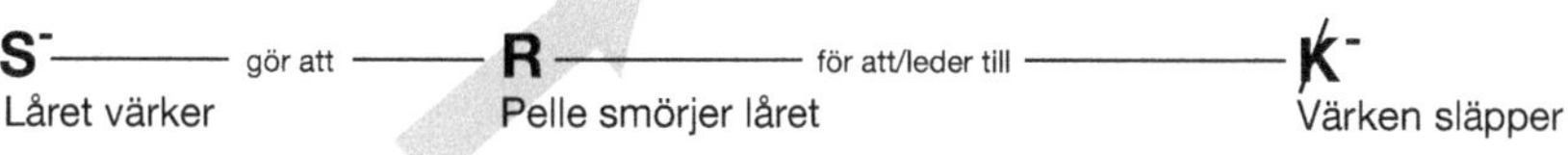

Minuset (⁻) vid S visar att startstimulit är obehagligt eller oönskat och är något som man vill bli av med. K^- (överstruket) betyder att obehaget minskar eller försvinner på grund av beteendet (R). Formeln visar att obehaget S^- minskat K^-, precis som Pelle önskade.

På samma sätt fungerar beteendet att ta en huvudvärkstablett. Det blir negativt förstärkt genom att huvudvärken släpper eller minskar (K^-). Detta leder sannolikt till att beteendet (R) kommer att användas mera i framtiden, när huvudvärken (S^-) återkommer.

Mängder av beteenden vidmakthålls av negativ förstärkning. Vi gör beteenden för att slippa böter, för att inte bli bestraffade, för att inte bli sittande på bänken, för att inte behöva skämmas, för att slippa dåligt samvete, för att inte riskera skada eller att göra bort oss. Beteenden som vi gör för att undkomma eller bli av med sådant vi tycker illa om blir negativt förstärkta beteenden.

Ett exempel från straffläggning:

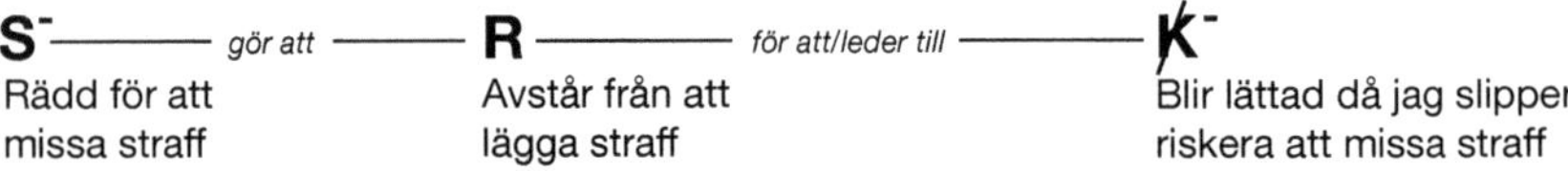

Om jag slipper skämmas för att ha missat straff kommer beteendet sannolikt att komma igen – alltså negativ förstärkning. Negativt förstärkta beteenden kallas i vissa situationer feghet, men i andra situationer vittnar de om sunt förnuft.

Att använda cykelhjälm av rädsla för att skada sig är ett negativt förstärkt beteende som vittnar om sunt förnuft. Men att avstå att sparra mot någon bättre kanske är feghet:

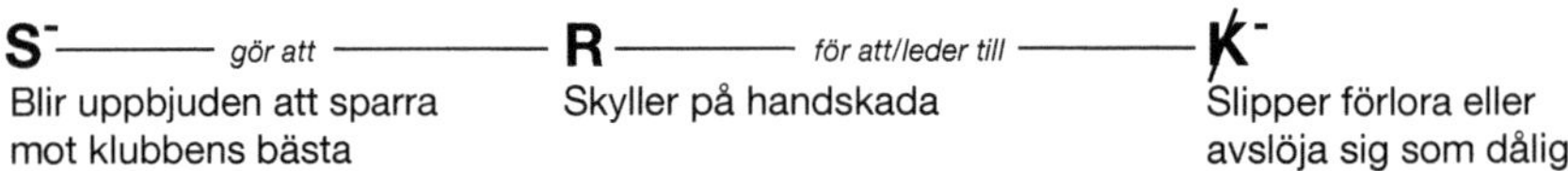

Ett beteende ökar sannolikt om det har förmågan att lindra eller ta bort obehag eller om det har förmågan att förebygga obehag av något slag. När ett beteende får detta resultat kallas detta *negativ* förstärkning. Beteendet vidmakthålls eller ökar av negativ förstärkning.

Negativ förstärkning är själva drivkraften vid alla ångestproblem. Man gör beteenden för att bli av med alternativt slippa eller undvika ångest. Man går inte in i varuhuset, då man är rädd för att drabbas av panikångestreaktion. Man tar inte flyget utan väljer bil eftersom man har flygfobi och vet att man får ångest när man kommer in i ett flygplan. Man äter inte vissa maträtter av rädsla för ångest, såsom anorektiker undviker fet mat.

Ytterligare exempel på negativt förstärkta beteenden;

– Beteenden som leder till minskad ångest blir negativt förstärkta

– Beteenden som leder till minskad smärta blir negativt förstärkta

– Beteenden som leder till att slippa dåligt samvete blir negativt förstärkta

– Beteenden som leder till att "byta bort" ångest mot smärta och rädsla mot ilska blir ofta negativt förstärkta.

– Beteenden som leder till att undkomma hån blir negativt förstärkta.

– Beteenden som leder till att undvika att göra bort sig blir negativt förstärkta

Å ena sidan kan negativt förstärkta beteenden vara tydliga inom idrotten. Exempelvis långdistanslöparen med anorexi som lindrar sin ångest genom att springa bort kalorier och att detta resulterar i ett överdrivet tränande eller för lite ätande. Både att träna och att undvika ätande är i detta fall negativt förstärkta beteenden.

Å andra sidan finns det mindre tydliga beteenden som *kan* drivas av negativ förstärkning. En kille tränar tennis för att inte göra mamma och pappa besvikna, en trestegshoppare tränar ett extra pass i veckan för att inte misslyckas i SM, en ytterback i fotboll ställer sig i passningsskugga för att slippa få bollen, en golfspelare väljer överdrivet enkla slag för att inte missa "cutten", en slalomåkare går igenom slalombanan onödigt många gånger för att lindra sin nervositet, en störtloppsåkare kör återhållsamt på störtloppet för att inte falla, en handbollsspelare passar vidare bollen för att hon inte själv vill missa ett skott osv.

Lotta är 30 år och boxare. Hennes högsta dröm har alltid varit att kvala in till ett olympiskt spel. Under hela hennes karriär har det varit ett stimulerande mål som varit förknippat med glädje och gjort träningen rolig och sporrande. Nu har dock dessa positiva faktorer försvunnit. Hon vet att detta är sista chansen för henne att kvala in till ett OS. Eftersom nästa OS ligger fyra år framåt i tiden så kommer hon då, enligt henne själv, vara för gammal för att kunna delta. Tyvärr har detta medfört att all träning sker med en viss obehagskänsla i kroppen och tankar på att detta är sista chansen, tanken på att få uppleva ett OS har gått från att vara en morot till att bli en piska. Från positiv förstärkning till negativ förstärkning.

Till vardags talar vi om negativ förstärkning som "att vi känner oss tvingade", "yttre eller inre tvång", "piskan" som mer eller mindre olustigt får oss att bete oss. Beteendet kontrolleras av obehagliga eller *aversiva* företeelser. Aversiv kontroll kan till en viss gräns öka beteendet, men på sikt så släcker det glädjen och entusiasmen.

Positiv förstärkning däremot kan beskrivas som att lockas av "moroten", lust eller aptit. Kontroll via positiva förstärkare kallas därför även "appetetiv" kontroll.

Redan nu förstår vi vikten av att kunna sin tillämpade beteendeanalys. Ett och samma beteende kan göras av helt olika anledningar – för att det är kul eller för att undvika något obehagligt.

Flykt eller undvikanden

Att fejka en skada för att slippa något obehagligt kallas med inlärningspsykologiskt språk "flyktbeteende" och är exempel på negativ förstärkning. Fejkandet blir förstärkt och kommer med stor sannolikhet att användas igen i kommande liknande situationer.

Även undvikandebeteenden kan leda till negativ förstärkning. Vid flykt flyr man från en situation som man redan befinner sig i, men vid undvikande ser man till att inte hamna i situationen. Se vidare i kapitlet om känslor.

En pojke har en pappa som brinner för tennis. Sonen vill inte göra sin pappa besviken:

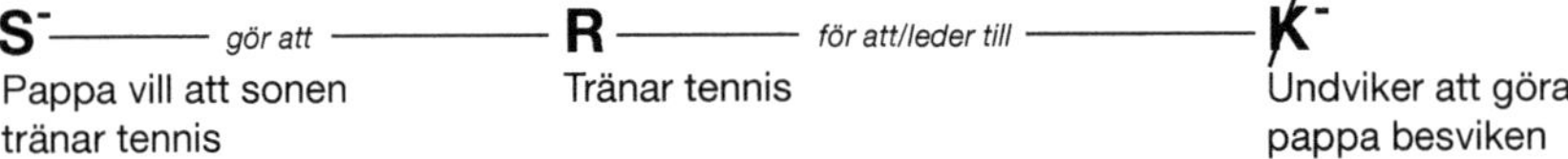

Man undviker det obehagliga redan innan det inträffar med hjälp av sitt beteende, som då blir negativt förstärkt.

Som tränare och förälder är det viktigt att vara vaksam så att man inte spär på så att för många negativa förstärkare styr idrottandet. Om jag idrottar för att inte misslyckas, för att inte göra tränaren besviken eller arg, för att slippa bli petad osv. blir idrottandet över tid mindre lustfyllt och mer stressigt. Man kan likna det vid att man idrottar med kniven på strupen.

Så här långt vet vi alltså att vi beter oss, för att det ger oss något positivt eller för att vi undviker eller flyr från något obehagligt. Men ibland kan vi motiveras av båda delarna samtidigt – vi beter oss för att det ger oss både positiv och negativ förstärkning.

Positiv och negativ förstärkning kan samverka

I många situationer samverkar positiv och negativ förstärkning med varandra. Janne går verkligen in för träningarna och ger allt. Dels får han positiv förstärkning av att göra bra saker på planen, han känner sig nöjd med det han åstadkommer (positiv förstärkning), han får avundsjuka eller beundrande blickar av kompisarna (positiv förstärkning). Han får även erkännande av tränaren (positiv förstärkning). Genom sitt helhjärtade satsande ökar han dessutom chansen att bli uttagen till matchen kommande helg, då han upplever att sitta på bänken som både obehagligt och oönskat (negativ förstärkning).

Madelene spelar mittback i fotboll. När motståndarlaget anfaller så gör hon en snygg brytning och slår sedan en lång boll ner på motståndarnas planhalva. Både brytningen och långbollen utför hon för att undvika baklängesmål (negativ förstärkning) men också för att öka chanserna att hennes lag gör mål (positiv förstärkning).

Nathalie tränar och tävlar i triathlon. Idag är det simning på programmet. Av de tre grenarna, simning, cykel och löpning är simning hennes svagaste gren. Eftersom hon tidigare var cyklist så är det en gren hon behärskar bra. Löpning har hon alltid tränat som ett komplement till sin cykelträning så där känner hon sig också stark. Simning däremot är nytt för henne och hon känner sig fortfarande lite obekväm. Hon tycker att det är lite pinsamt att prestera dåligt i simning jämfört med de andra så hon tränar hårt för att slippa skämmas i framtida tävlingar. Men samtidigt har hon haft en ganska stadig utvecklingskurva uppåt. Eftersom det är en ny gren för henne så har hon utvecklats mycket vilket gör det stimulerande att träna hårt. Hennes beteende att träna simning har alltså styrts både av positiv förstärkning (kul att utvecklas) och negativ förstärkning (vill undvika att skämmas när det är dags för tävling).

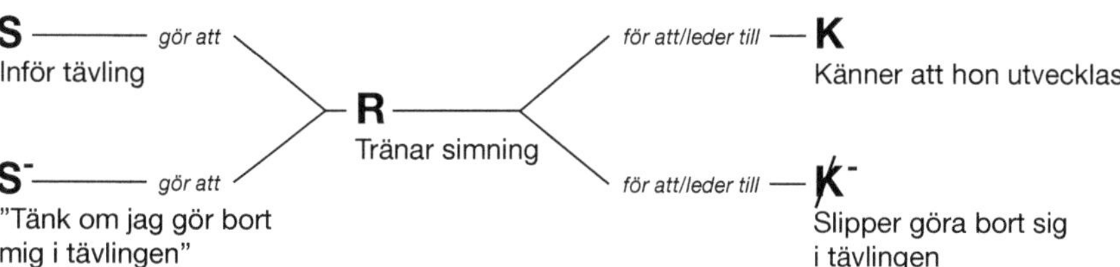

Människor kan bete sig både för att det ger något positivt samtidigt som något obehagligt undviks.

Samma beteende hos två olika individer kan dessutom ha helt olika förstärkningar.

Samma beteende kan drivas av positiv eller negativ förstärkning

När den gemensamma basketträningen är slut går Jeff och Mick in i gymmet och kör extra styrketräning. De känner att de har mer att ge och vill köra några frivändningar och knäböj innan de går och duschar. Jeff gör detta för att han tycker det är kul med styrketräning. Han tycker det är en skön känsla och han känner sig bättre förberedd inför matchen till helgen. Mick däremot gör det för att lindra sin ångest. Han kan inte gå hem från träningen redan utan måste köra slut på sig, annars kommer han känna sig värdelös. Mick har också fått lite speltid på slutet och är rädd att hamna på bänken igen. Jeff och Mick utför alltså exakt samma beteende men av två helt olika anledningar. Jeff drivs av positiv förstärkning och Mick av negativ förstärkning. Den ena gör det för att det är kul och den andra för att lindra eller förhindra obehag.

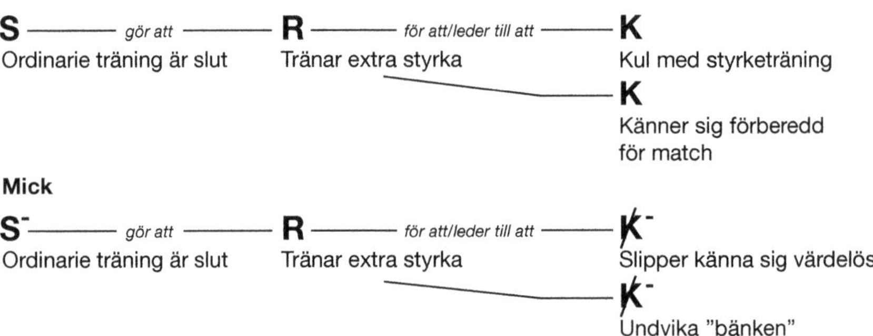

Vid första anblicken ser vi två idrottare som gör exakt samma beteende. En tränare kan uppleva, att köra extra styrketräning, som mycket positivt. Men genom min beteendeanalys kan jag förstå att Jeff mår bra av detta och att det kommer hjälpa honom i hans basketutveckling, medan det för Micks del finns risker. Mick kommer troligtvis tycka att basketen blir tråkigare och tråkigare.

Som idrottare kan det alltså vara bra att påminna sig om varför man gör saker och ting. Tränar jag extra, tackar jag nej till sociala aktiviteter och struntar jag i vilodagar för att jag tycker det är roligt att göra allt för min idrott och utveckling? Eller gör jag det för att lindra mitt dåliga samvete eller obehag kring att inte ha gett allt? Som vi vet mår idrottskarriären bäst av att främst drivas av positiva förstärkare.

Förstärkningar motverkar varandra

Det händer att motsatta beteenden "ingår i en kamp" med varandra, genom att de har var sina förstärkningar. Det beteende som har flest eller starkast förstärkningar "vinner".

Ella går inte på boxningsträningen, utan hänger med kompisarna på bio istället. I själva verket älskar Ella att boxas och att träna (det har många förstärkningar), men just i kväll väljer hon att inte träna. Att inte träna ger henne positiv förstärkning i form av god gemenskap plus att hon får se en spännande film och dessutom slipper hon sparra mot den tillfälligt besökande Mattias, en boxare som hon tycker illa om och är lite rädd för. Hon får även negativ förstärkning på att välja bio då hon undviker obehaget att sparra mot Mattias.

Kristian tränar för att tävla i 100 m i DM. Han känner sig i form och tror att han ska vinna. Ola som är konkurrent i samma gren ringer upp för att höra om de inte kan träna tillsammans. Det kan ju vara spännande att se hur de förhåller sig till varandra så här inför mötet. Ola vill gärna mäta sig med Kristian så han får ett "kvitto" på sin form, för han känner att han har chans att vinna han också. Kristian känner sig lite lockad (positiv förstärkning) av att möta Ola, men han avböjer trots detta då han fruktar att han skulle tappa självförtroendet (negativ förstärkning), om det visar sig att Ola är för bra. Beteenden styrs av de förstärkningar som är starkast eller flest.

Som tränare gäller det alltså att göra träningarna så förstärkande (roliga, utvecklande, sociala osv.) så att beteendet att gå och träna "vinner" över andra beteenden med starka förstärkare. Som i exemplet med biobesöket ovan.

> Idrottande bör ha flera förstärkare än de som enbart är knutna till själva utövandet. Idrottande är så mycket mera än bara idrottande.

Inom idrotten gör vi saker för att vi tycker att det ger oss något positivt – kul, socialt, utvecklande eller för att undvika något obehagligt – slippa skämmas, inte bli petad, slippa en konflikt osv. Självklart styrs även tränare av samma allmängiltiga principer.

Även tränare styrs av sina förstärkningar

Många tränare har "käpphästar". De har nått framgång genom att bete sig utifrån en viss filosofi, en viss taktik, erfarenhet eller ett visst träningsupplägg, såsom 4-4-2 och zonförsvar, big ice hockey, högt försvarsspel, lågt försvarsspel, långbollar, kortpassningsspel, "äckligt disciplinerat" och "gurkburkar". Tränare och coacher som når framgång, blir positivt förstärkta till att agera på ett visst sätt och kan då "fastna" och bli oflexibla. Genom att även analysera tränarens beteendeöverskott (vad gör tränaren som inte borde göras) och beteendeunderskott (vad gör tränaren inte tillräckligt mycket av), kan man bättre förstå varför och hur dessa beteenden utvecklats och man kan därefter viljemässigt motverka sina egenheter.

Tränare A gapar och skriker, hotar sina idrottare. Varför? Sannolikt har han fått förstärkning på just dessa beteenden. Det som ofta hänt när han skrikit och härjat är att hans idrottare ansträngt sig lite extra. Han har således uppnått sitt syfte - positiv förstärkning. Idrottarna har betett sig när han skällt, för att slippa få mera ovett (negativ förstärkning). Självklart kommer tränare A fortsätta att vara högljudd och härja, då det har fungerat tidigare.

Tränare B har däremot lagt vikt vid att idrottarna ska tycka att träningarna är roliga och har därför varit positiv och berömmande (positivt förstärkande) mot de som ansträngt sig lite extra och har genom sitt beteende fått det önskade resultatet (positiv förstärkning för tränaren), varför hon fortsätter med sitt beteende. När övriga ser att de som anstränger sig extra får uppmärksamhet börjar även de att anstränga sig. Vi härmar beteendet hos dem som vi ser får förstärkning. Fenomenet kallas vikariell förstärkning och innebär att man förstärks att göra de beteenden, som man ser andra få förstärkning för att göra.

> Uppmärksamma (förstärk) dem som beter sig på ett önskvärt sätt, så inspireras övriga att härma (vikariell förstärkning). Var tydlig med exakt vilket beteende som var "bra".

Som tränare kan förstärkningarna härröra från hur man upplever att man leder och påverkar andra. Om idrottarna utvecklas, lyssnar på mina råd, gör som jag säger och presterar bra, så är det troligtvis något som förstärker mitt ledarbeteende.

Självklart handlar inte bara tränarens beteende om hur han eller hon påverkar sina adepter, utan också hur de själva påverkas. Under en matchgenomgång går tränare A igenom taktik för matchen. Han pratar om motståndarnas styrkor och svagheter och hur hans lag ska agera under matchen. Efter genomgången känner han sig nöjd och upplever att han förberett laget väl för match – positiv förstärkning. Tränare B pratar om samma saker som tränare A. Efteråt känns det ok för att hon lindrat sin egen oro inför matchen. Hon är nu lite lugnare och tänker att hon gjort sitt för att laget inte ska förlora – negativ förstärkning. Om jag som tränare är nervös, anspänd eller till och med upplever ångest inför match kan jag sänka min nervositet genom att bland annat göra en extremt noggrann taktikgenomgång. Läs mer i kapitlet om känslor hur detta kan få funktionen av ett säkerhetsbeteende, som förvärrar ångesten inför framtida matcher. Se exemplet nedan:

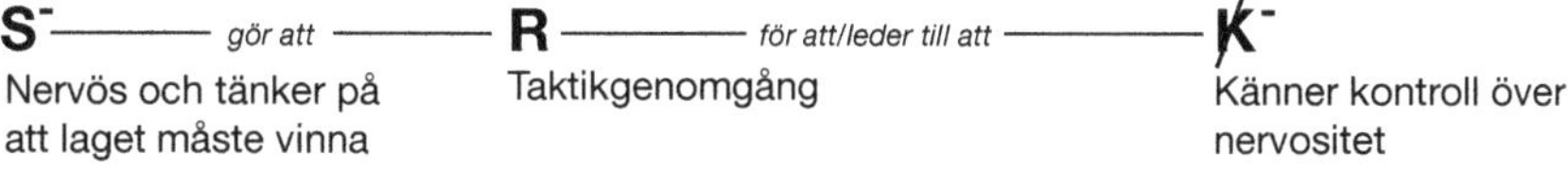

Allt tränare gör styrs av positiv och negativ förstärkning.

En tränare planerar träningen helt själv eftersom hon upplever att hon vet bäst (positiv förstärkning). En annan tränare planerar upplägget tillsammans med sin idrottare, för att hon vill att idrottaren ska vara delaktig och engagerad (positiv förstärkning) i sin träning.

En tredje tränare stänger in sig i ledarrummet när hon dragit startelvan för laget, eftersom hon inte vill träffa någon av de spelare hon petat (negativ förstärkning).

En fjärde tränare pratar med de spelare hon kommer att peta innan hon drar startelvan och förklarar vad hon baserat sitt beslut på. Då undviker hon obehaget att se dem i ögonen senare (negativ förstärkning) dessutom upplever hon det tillfredsställande att agera rakt och ärligt gentemot sina idrottare (positiv förstärkning).

> I vissa grupper, i vissa situationer och med vissa individer behövs vissa ledarbeteenden och i andra sammanhang behövs helt andra ledarbeteenden.

Vad skiljer i effekt av positiv och negativ förstärkning?

Såväl positiv som negativ förstärkning ökar beteenden – så vad är att föredra. Båda har sin givna plats, men vad ska man välja om man kan? Av rent sympatiska och etiska skäl är naturligtvis positiv förstärkning att föredra. Det är trevligare när folk gör saker av intresse, vilja, lust eller glädje än när de gör det av tvång, för att inte drabbas av skam, av sorg, av besvikelse eller av straff, men det finns också en rent praktisk skillnad mellan positiv och negativ förstärkning.

Den som är positivt förstärkt gör totalt mera beteende än den som är negativt förstärkt. Viljan, lusten och glädjen (positiv förstärkning) får henne eller honom att bete sig mera. Den som gör sitt beteende för att komma undan ett hotande obehag (negativ förstärkning) gör bara det som behövs för att komma undan, inte mera. Man gör mera för att få morötter än för att undvika piskan.

Hot om bestraffning, att inte bli uttagen, att inte platsa i laget ökar således beteendet, men bara så mycket att hoten inte träder i verket. Dessutom har det en negativ bieffekt och det är att beteendet man gör "under tvång", blir olustigt i sig självt och att den eventuella självförstärkning som beteendet hade går förlorad. Här är det viktigt att jag kan min beteendeanalys. Som synes kan beteendet förändras i stunden om jag tar till något som liknar en bestraffning – "Nu måste ni jobba hårdare annars bryter jag övningen så får ni göra armhävningar". I detta fall kan idrottarna under en period jobba hårdare på grund av negativ förstärkning – de vill slippa armhävningar – och då får jag som ledare positiv förstärkning på att "hota". Men mina idrottare beter sig av fel anledning, idrottandet blir tråkigt och de får inte ut max av sin kapacitet – som de hade kunnat få om de motiverats av positiv förstärkning. Samma mekanism kan ske om jag "hotar" med minskad speltid, petningar osv.

Nedanstående figur visar att positiv förstärkning kan ge hur mycket beteenden som helst, medan negativ förstärkning endast ger så mycket beteenden, så att det hotande obehaget kan undvikas.

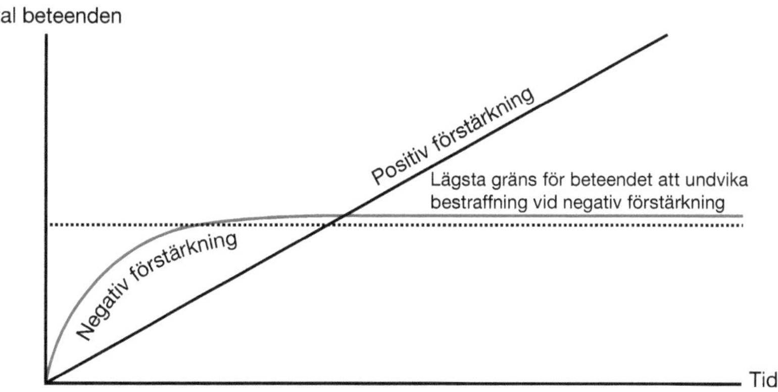

Ett tydligt exempel på att positiv förstärkning ger mera beteende än negativ är att exempelvis långdistanslöpare och skidåkare oftast tycker att det är lättare att jaga än att bli jagad. Den som jagar har en hägrande positiv förstärkning framför sig – att komma ifatt och passera, medan den som är jagad hela tiden kämpar för att undvika obehaget att bli passerad (negativ förstärkning).

Förstärkning med Premacks princip

Självförstärkande beteenden, som upplevs lustfyllda eller angelägna i sig själva, kan användas som förstärkning för mindre roliga beteenden. Först läser du läxan sedan får du gå ut och spela fotboll. Detta är ett exempel på tillämpning av Premacks princip, ibland även kallad "farmors lag".

Premacks princip används ofta av tränare, lärare och föräldrar. Man låter adepterna först göra det nödvändiga och kanske lite tråkiga, för att sedan få ägna sig åt det som är roligt och mera lustfyllt. Därigenom blir det tråkiga fortare klart och kommer på sikt att upplevas som roligare.

Ett lämpligt sätt att använda sig av Premacks princip för tränare är, om det finns flera roliga moment och flera tråkiga moment, att varva först tråkigt sedan lite roligt, sedan nytt tråkigt och därefter lite roligare aktivitet och så samma igen med det allra roligaste på slutet.

Här använder man sig av principen för att få de tråkigare men nödvändiga momenten att bli mera lustfyllda på sikt. Samtidigt gör man hela tränandet till en i huvudsak positivt förstärkt aktivitet.

Inget beteende kan "överleva" utan förstärkning. Vi kan alltså vara säkra på att allt människor gör har förstärkning, men förstärkningen behöver inte följa på varje enskilt beteende. Förstärkningarna kan vara glesa och ändå hålla liv i beteendet. Man slutar inte att äta även om det inte är gott varje gång man äter. Vi behöver inte vinna på tips varje gång vi tippar, för att fortsätta tippa. Vi behöver heller inte få svar i telefonen varje gång vi försöker ringa upp någon, utan vi tål att det är upptaget eller att ingen svarar åtskilliga gånger.

Kontinuerlig kontra intermittent förstärkning

Förstärkningarna kan komma kontinuerligt, varje gång, eller intermittent, då och då. Vi får exempelvis vår kopp kaffe (förstärkning) varje gång vi stoppar pengar i kaffeautomaten. Skulle vi inte få något kaffe vid första försöket, då skulle vi inte acceptera detta. Automaten förstärker vårt beteende att stoppa i pengar *kontinuerligt* (varje gång). Om man vill kan man säga att automaten "skämmer bort oss" med att alltid ge oss förstärkning, på beteendet att stoppa i pengar. Om vi istället ser på samma beteende att stoppa pengar i en automat av annat slag en spelautomat, då får vi inte förstärkning (jackpot eller vinst) varje gång. Spelautomaten förstärker spelaren *intermittent* (bara ibland och ofta oregelbundet) och kanske mycket glest. Spelaren kanske bara vinner var hundrade gång i genomsnitt, men trots det fortsätter han att spela.

I själva verket blir det mera beteenden om förstärkningarna kommer glest eller är intermittenta. Om jag vill nå Pelle på telefonen och jag får tag på honom (positiv förstärkning) direkt på första försöket, då blir det bara ett ringbeteende. Men om han inte svarar på första försöket då kommer jag att ringa flera gånger. Gles förstärkning ger således mera beteende, jag lyfter luren flera gånger om jag inte får svar varje (förstärkning) gång jag ringer.

Jag beter mig mycket om jag i början får kontinuerlig förstärkning, då kommer jag tycka att det är kul och fortsätta bete mig. Därefter kommer jag bete mig mera om förstärkningarna kommer mer sporadiskt. Ni som är bevandrade inom data- och TV-spelsvärlden känner till att många spel är uppbyggda på detta sätt – tätt med förstärkningar i början och sedan mer och mer glest. Många idrotter har detta naturligt inbyggt i sina system. Kreativa idrottsledare har format idrotten så att man tillåts att lyckas mycket när man börjar med sin idrott och sedan blir det svårare och svårare. I bland annat fotboll finns en stegring från 5-manna, 7-manna, 9-manna till 11-manna. Dessutom är bollarna små i början och blir sedan större och större. Små planer, små bollar och färre antal spelare, gör att jag får ha mycket boll, jag orkar sparka bollen och jag orkar springa över hela plan. Det är upplagt för att jag ska få tätt med förstärkningar. I volleyboll kan man börja med ballonger, i tennis inleder man med mjuktennisbollar osv. Detta är smart. Kontinuerlig förstärkning i början gör att jag tycker det är roligt och jag känner mig kompetent därefter klarar jag mig med glesare med förstärkningar i takt med allt större utmaningar. Detta sker naturligt med större bollar, större planer, fler spelare, större motorer etcetera.

När jag ska lära mig något inom idrott behöver jag tät, kontinuerlig, förstärkning i början. Det vill säga, varje gång jag tränar på min överstegsfint, mitt slagskott eller min puttning behöver jag känna att jag lyckas med något (förstärkning), få beröm (förstärkning), eller känna att det är kul (förstärkning). Allt eftersom jag utvecklas räcker det om förstärkningarna kommer lite mer sporadiskt. Då kommer jag bete mig mycket, träna mycket däremellan. I exemplet med överstegsfint kan jag alltså i början göra min överstegsfint ensam och stillastående, därefter kan jag göra den ensam fast i fart och till sist i fart med motståndare. Man iscensätter alltså träningen av överstegsfinten så det naturligt bör bli tät förstärkning i början och därefter mer och mer glest. Samtidigt formar man rätt beteende – läs mer om formning/shaping längre fram.

Lisa tränar längdhopp och lyckas efter c:a 100 träningspass att hoppa 6,10. Denna förstärkning gör att hon sannolikt kommer att kunna hoppa ytterligare minst 500 hopp för att uppnå 6,15, som är hennes nästa mål. Blir förstärkningarna alltför glesa kommer emellertid hoppandet att släckas ut, för inget beteende kan "överleva" utan förstärkning.

Idrottare som är vana vid intermittent förstärkning har ett skydd mot utsläckning. De är vana vid att bete sig mycket – kämpa – för att få förstärkning, skam den som ger sig. Om en idrottare däremot är van vid kontinuerlig förstärkning kommer han eller hon tröttna fort vid motgångar. Detta är en anledning till att många talanger inte tar sig hela vägen inom sin idrott. Som unga och talangfulla får de kontinuerlig förstärkning, de når framgång och lyckas varje gång de idrottar. När de blir äldre och möter större konkurrens och får motgångar får de inte längre kontinuerlig förstärkning och tröttnar snabbare. Mera om detta senare under utsläckning, nedan. Förstärkningarna blir glesare än vad talangen är van vid och då försvinner motivationen lättare.

Det är alltså ingen fördel för den långsiktiga utvecklingen att som barn vara med i ett överlägset lag eller att själv vara en alltför överlägsen idrottare, snarare tvärtom.

Endast omedelbara förstärkningar fungerar, men...

Det är väl känt att förstärkningar måste inträffa mycket kort efter beteendet för att fungera. Det skulle inte fungera om man tryckte på lysknappen och lyset tändes efter tre minuter. Om skytten fick placeringen på sina skott dagen efter, skulle han inte kunna förbättra sig på ett effektivt sätt. Han skulle absolut inte kunna ställa in siktet om han inte efter varje skott fick veta placeringen. Det skulle heller inte fungera ur inlärningssynvinkel om golfaren tränade utslag med banan i mörker och inte såg vart bollen hamnade eller om simhopparen fick feedback på sina 20 hopp dagen efter. Exemplen är kanske konstlade men visar att feedback (feedback som upplevs positivt är ju förstärkande) har störst inflytande på inlärning och vidmakthållande om den kommer i tid så att den kopplas ihop med beteendet. Förstärkningen ökar eller vidmakthåller det beteende som omedelbart föregick den.

Invändningen som då kan komma är att idrottare kämpar för framtida mål (möjliga förstärkare långt fram i tiden). Hur kan då det förklaras?

Människan har en tankeförmåga som kan överbrygga tiden. Jag kan förstärka mig genom att föreställa mig den ena eller andra framtida konsekvensen av mitt beteende här och nu. Jag kan glädja mig åt att den här sortens träning, som jag gör nu, kommer att göra mig mycket bättre om tre månader. Jag tänker en förstärkning i anslutning till mitt beteende.

Maratonlöparen förstärker sig med tankar, genom att dela upp loppet i olika avsnitt som klaras av ett efter ett och slutligen kommer spurten som i sig är det sista innan allt är klart. Skidskytten har sitt lopp naturligt uppdelat i sträckor och skjutserier, som kan bli förstärkta i tanken. Skjutserierna innehåller i sin tur skott, som kan träffa och därmed fungera som förstärkare.

Jag kan tänka: "Om jag klarar 1,90 nu då har jag möjlighet att bli uttagen till OS" eller "De här övningarna gör mig vigare och starkare, så att jag kan prestera bättre på barren om två månader." Här blir ett framtida scenario till positiv förstärkning i stunden.

Vi kan således förstärka oss själva med "självprat" eller tankar i omedelbar anslutning till ett beteende, som då vidmakthålls eller ökar. Tankarna kan handla om både säkra och osäkra framtida positiva händelser. Den framtida långsiktiga konsekvensen behöver inte vara säker, för att fungera som förstärkare. Även mycket osäkra fantasifulla framtida händelser kan omformas till omedelbara förstärkare. "Jag ska ta OS-guld i brottning." Dagdrömmar kan fungera positivt förstärkande.

Inte nog med detta, utan även framtida hot eller möjliga aversiva (obehagliga) konsekvenser kan omvandlas till förstärkare – i detta fall till negativa förstärkare. På samma sätt som jag kan föreställa mig sådant jag vill ska ske, så kan jag även föreställa mig sådant jag vill undvika eller gardera mig emot. Om jag då beter mig så att risken för det obehagliga minskar eller upphör, då blir detta undvikandebeteende negativt förstärkt. Jag upplever en lättnad – negativ förstärkning.

Jag tränar skott på tomt mål. "Den straffen satt fint, exakt på rätt ställe. Jag har tränat straffar i två timmar nu, då kommer jag lyckas om jag måste lägga någon straff i matchen på lördag." Underförstått så riskerar jag inte att göra bort mig på lördag – alltså ett undvikandebeteende och negativ förstärkning på att träna straffar. Spontant kan man tänka att ett undvikandebeteende betyder att man inte gör någonting, att man avstår från att bete sig. Med KBT-termer betyder dock undvikandebeteende att man aktivt gör något för att förebygga eller undvika obehag. Jag gör något för att inte riskera att misslyckas eller för att inte må dåligt. Att träna extra på straffar för att inte göra bort sig på lördag är ett tydligt undvikandebeteende i den bemärkelsen.

Andra exempel: "Jag avstår från den där extra biffen nu, så går jag inte upp i vikt till invägningen på fredag." "Min noggranna planläggning av mathållningen nu minskar riskerna för att jag ska ta slut i spurten." "Om jag anmäler mig sjuk, så riskerar jag inte att avslöja hur svag jag egentligen är på tävlingen nästa vecka." "Jag sparar på krafterna i början av loppet, så jag inte faller igenom mot slutet."

När träningen och tävlandet drivs som ett undvikandebeteende (det vill säga uteslutande negativ förstärkning), riskerar man att idrottandet blir en plåga istället för en källa till glädje och nöje. "Jag måste träna mera för att inte bli bortplockad." "Jag måste träna skyttet för om jag inte skjuter fullt på åtminstone en serie i varje lopp, då får jag inte vara med i truppen." "Hamnar jag inte bland de tio bästa, då..."

Vi kan förstärka oss i stunden med hjälp av vår föreställningsförmåga, vårt tänkande och fantasi. De tänkta förstärkningarna kan vara såväl positiva – lockande, appetetiva – som negativa – hotande, aversiva.

Vi kan även göra de kognitiva (tankemässiga) förstärkningarna tillgängliga på ett mera planerat, medvetet och avsiktligt sätt. Genom att dela upp träning och tävlingar i delmål som ska klaras av eller uppnås, genom att själva registrera vårt beteende och våra prestationer, genom att lova oss själva det ena eller andra om..., skapar vi förutsättningar för att bli förstärkta såsom att "känna oss duktiga", kapabla och kompetenta trots att det slutliga målet kan vara mycket avlägset. Återigen är det vår tolkning och våra bedömningar, som gör beteendet värt mödan – som förstärker beteendet.

> Fungerande förstärkningar är alltid omedelbara. De måste komma i samband med beteendet. Förstärkningar kan bestå av föremål, företeelser, andra personers beteenden (beröm, blickar, frågor), skeenden, händelser, men de kan även bestå av egna tankar och föreställningar om kommande positiva företeelser eller framtida hot som måste undvikas.

En och samma förstärkning är inte alltid lika kraftfull. Under vissa omständigheter kan förstärkningen ha större förstärkande effekt än under andra omständigheter. Man talar om etablerande omständigheter.

Etablerande omständigheter

Johans ordinarie plats var i tredjefemman där han spelade vänsterforward. Han kämpade hårt för att få spela i andrafemman, för där fanns Jensa som center och Ola som högerforward. På träningarna hade han vid några tillfällen fått ersätta Kalle som vänsterforward och det hade fungerat perfekt, tyckte Johan. Passningsspelet hade fungerat som med radar och Johan hade blivit framspelad vid flera tillfällen till målgivande situationer. Jensa och Ola var också så positiva och uppmuntrande, att han hade känt sig inspirerad och upplyft efter träningspassen i deras femma. Johan var nu starkt motiverad att få spela i andrafemman.

Vid sista träningen inför den viktiga matchen gjorde coachen om laget och placerade Jensa i fjärdefemman och Ola i förstafemman. Den enda som blev kvar av den tidigare andrafemman var Kalle och nu placerades Johan där som centerforward. Visst kändes det fint att bli center, men de nya omständigheterna hade gjort placering i andrafemman mindre "lustig". Den kändes nästan som ett nerköp och han tappade entusiasmen. Coachen hade med sin omändring i laget gjort det mindre intressant att spela i andrafemman. Coachen hade etablerat nya omständigheter som gjorde det mindre förstärkande för Johan att bli uppflyttad till andrafemman. Det kändes nästan som en bestraffning och i varje fall var det inte som den förstärkning det skulle ha varit, om Jensa och Ola hade varit kvar.

Peter har brunt bälte i Judo och har visat sig vara en talang. I synnerhet är han duktig i ne-waza (att brottas på mattan). Det visar sig att han överträffar sig själv vissa träningskvällar. Ibland är han suverän och andra kvällar kommer han inte alls till sin rätt. Ingen förstår varför Peter är så ojämn i synnerhet i stående kamp. Vid närmare analys visar det sig att han blir mera aktiv och inspirerad när Anna är nere och tittar på träningen. Annas närvaro och uppmärksamhet är en etablerande omständighet som gör att det är mera förstärkande att träna, kämpa och tävla för Peter.

> Etablerande omständigheter kan vara något i situationen, personers närvaro, förhållanden, händelser, tankar, känslotillstånd, information etc. som förändrar värdet hos de förstärkningar som finns i situationen. Därmed gör de ett beteende mindre attraktivt, angeläget och ointressant eller rakt motsatt mera intressant, viktigt och angeläget.

En mängd faktorer kan fungera som etablerande omständigheter (EO). På engelska heter EO "establishing operation". Samma omständigheter kan etablera ökad förstärkning hos en person och försvagning av förstärkningarna för de idrottsliga beteendena hos en annan. Hemmaplan kan fungera som en EO. Nisse blir mera förstärkt att kämpa och visa upp sig, medan Tomas blir förstärkt att vara passiv och hämmad, för att inte riskera att göra bort sig.

Föreningars, ledares och föräldrars inställning till prestation kontra resultat är en viktig etablerande omständighet inom barn – och ungdomsidrott. Anhängare av resultatfokus framhäver att idrott handlar om att tävla och att barn behöver lära sig att hantera både vinster och förluster. De som framhåller prestationsfokus menar att idrotten i sig är uppbyggd som en tävling och det behöver inte underbyggas mer av tränare och föräldrar. Istället behöver man låta barnen lära sig sin idrott i lugn och ro och utvecklas i sin egen takt utan jämförelse med andra. Om vi tar på oss våra beteendeanalysglasögon och tittar på ett talangutvecklingsexempel från fotboll, kan vi se hur etablerande omständigheter påverkar.

I Sverige pratas det om att vi vill få fram fler bollskickliga mittbackar. De behöver kunna vårda bollen mer och slå bättre uppspel. Men varför lyckas vi inte fullt ut med det idag? Ett svar kan vara att när resultatet är i fokus prioriteras det att sparka bort bollen från eget försvarsområde – annars finns risken att vi släpper in mål. Ledare och föräldrar skriker "rensa" eller "bort med bollen" om vartannat. Och när våra barn skickar i väg bollen så långt de kan, så får de höra "bra" eller "snyggt jobbat". Ledarnas inställning blir en etablerande omständighet som gör vissa beteenden negativt förstärkande och dessutom blir det positivt förstärkande med uppmuntrande rop från tränare och föräldrar, när de ser bollen slås bort utan precision. Resultatfokuset är en etablerande omständighet, som gör det mer förstärkande att rensa än att konstruktivt spela sig ur situationen.

Om prestationen, att lära sig spelet fotboll är i fokus, då måste andra beteenden förstärkas. Spanska fotbollsspelare ses ofta spela sig ur trängda situationer. Redan från barnsben prioriteras teknik och passningsspel och de blir förstärkta, när de passar bollen även i planens defensiva tredjedel. Det är helt i sin ordning för dem att passa bollen i sidled eller att dribbla som sista man, något som är fullständigt otänkbart om det är "rensa" som gäller. För spanska barn – och ungdomsspelare är det alltså mer förstärkande att våga passa sig ur svåra situationer än att bara undvika insläppta mål. Fokus är på prestationen, att lära sig spelet fotboll och att hantera situationen konstruktivt – vinna kan de göra senare. Fokus på prestationen är en etablerande omständighet som gör det mer förstärkande att jämföra sig med sig själv och att våga testa olika sätt att lösa situationer på.

Etablerande omständighet:
Omgivningen fokuserar på resultat och att vinna

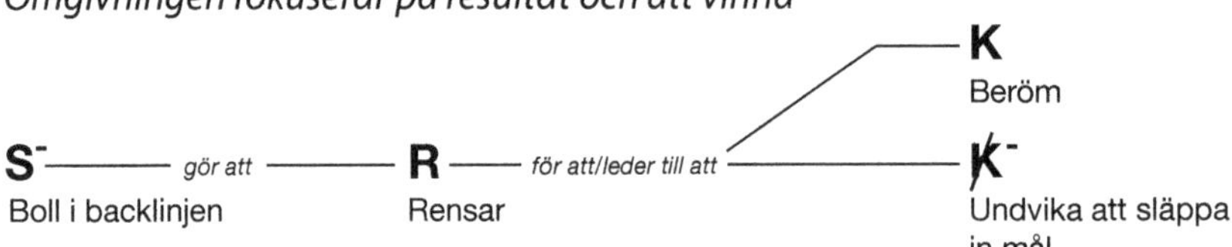

Etablerande omständighet:
Omgivningen fokuserar på prestation och att utvecklas

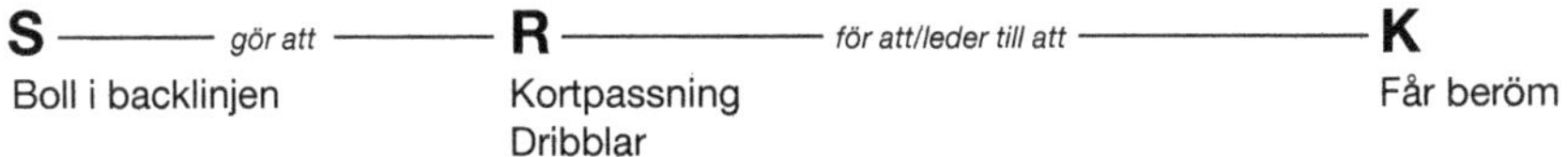

Ovanstående exempel går att generalisera till i stort sett alla idrotter. Om jag spelar bordtennis och resultatet är viktigare än att jag utvecklas, så kan det räcka långt med att jag har en bra forehand som barn. Att utveckla och träna på min backhand blir inte lika förstärkande eftersom jag vinner, får beröm och uppmärksamhet – då min forehand är god nog.

På elitnivå kan faktorer som sponsorers krav, den egna styrelsens målsättning, medias uttalanden, fansens krav, kvalificeringskrav till stora tävlingar som VM och OS vara exempel på etablerande omständigheter. Omständigheterna kan göra ett beteende ytterst viktigt och angeläget på grund av att kraftfull förstärkning hägrar. Det kan till och med innebära att beteendet blir så viktigt att det känns farligt att riskera att göra det och att det känns lugnare att avstå från det (negativ förstärkning) för att inte drabbas av stark besvikelse (bestraffning). Exempelvis "Jag får inte göra en dålig tävling, då är det bättre stå över."

Lisa värmer upp inför en SM-tävling i 400 m häck. Lisa är spänd och nervös men ändå oerhört glad. Glädjen och inspirationen gör att hon studsar fram under uppvärmningen. Hon kan knappt vänta på startskottet. Hon känner sig energifylld och laddad när hon kliver ner i startblocken. När startskottet går är Lisa snabb upp ur startblocken och kommer igång bra med loppet. Stegfrekvensen är perfekt och tekniken över häckarna flyter på. Mot slutet av loppet sprutar mjölksyran ur Lisas öron, men hon trotsar mjölksyran och springer på. Till slut passerar hon mållinjen på en kanontid. Den näst bästa i karriären. På grund av en bristning i baksidan av låret har inte Lisa tävlat på mer än åtta månader. Hon har kunnat träna på sista tiden, men hon har verkligen saknat tävlingspulsen. Lisas skadefrånvaro är en (etablerande) omständighet som gör att hon upplever tävlingen roligare och mer stimulerande än vanligt, vilket i sin tur påverkar Lisas beteende. Det är mera förstärkande att träna och tävla. Suget och saknaden av idrotten, den etablerande omständigheten, gör tränandet och idrottandet mera förstärkande (lustfyllt).

Jonas handbollslag har precis tilldömts en straff. Jonas är straffläggare i laget och går fram för att lägga straffen. Jonas spelar i handbollslaget BK Kast och de möter för dagen Gurkburk IF i DM-final. När Jonas går fram för att lägga straffen står det 2-1 till hans lag, BK Kast, och det har bara gått 4 minuter av matchen. Jonas känner sig avslappnad i musklerna och har bestämt sig för var han ska sätta straffen när han kliver fram till linjen. Han studsar bollen tre gånger, fintar skott två gånger och skjuter sedan hårt uppe i målvaktens högra hörn. 3-1 till BK Kast. Mot slutet av matchen är det jämnt. Ställningen är 22-22 med en minut kvar. Om BK Kast vinner matchen så är det BK Kasts första DM-guld i historien. När klockan står på 59.29 minuter tilldelas BK Kast ännu en straff. Jonas kliver återigen fram till strafflinjen. Denna gång känner han sig dock inte så lugn och avslappnad. Tidpunkten och ställningen i matchen gör det mycket hotfullt och bestraffande att missa straffen. Tidigt i matchen upplever inte Jonas att konsekvensen vid en eventuell miss är så avgörande, som nu i slutet. Han är nervös, stressad och spänd i musklerna. Han tänker på hur viktig straffen är och att han inte får missa. Detta gör att musklerna spänns än mer. Han har också svårare att bestämma sig för var han ska placera straffen.

I detta fall var slutskedet av den jämna och viktiga matchen en etablerande omständighet som gjorde det farligt att misslyckas. En annan handbollsspelare skulle i samma situation kunna reagera positivt och agera utefter chansen att bli hjälte (positiv förstärkning). Återigen måste vi individualisera vår tillämpade beteendeanalys.

Ett exempel från en barnfotbollsmatch. Johannes verkar inte ha så roligt på planen. Han passar bollen enkelt och springer och "gömmer sig på planen". Johannes tittar ner och hänger med huvudet. Till slut låtsas Johannes att han har stukat foten och ber om att få byta. Tränarna tycker det är synd eftersom Johannes är en så duktig fotbollsspelare. Tränarna är också frågande eftersom Johannes på träningarna verkar tycka att fotboll är det roligaste som finns. Han skojar med de övriga i laget och vågar "ta för sig" på planen, men allt detta är som bortblåst vid match. Under match är Johannes pappa och tittar. När Johannes gör något misstag, som att missa en passning, brukar hans pappa sucka, slå ut med armarna och skaka på huvudet. Det fungerar som bestraffning för Johannes och han vill helst inte ha bollen. Dessutom brukar hans pappa skrika och skälla på domaren, vilket gör att Johannes skäms och vill sjunka genom jorden. Pappas närvaro är en etablerande omständighet som gör det bestraffande att spela och hålla i bollen.

Vissa åskådares blotta närvaro vid tävlingar och matcher kan vara en omständighet, som påverkar barnens olika beteenden genom att den förändrar förstärkningarna.

På den tiden jag själv (Daniel) var aktiv i fotboll minns jag en händelse från en distriktslagsturnering på Gotland. Vi spelade en gruppspelsmatch i någonting som på den tiden hette Folksam Cup. Om jag minns rätt så mötte vi Småland i matchen. Jag var nervös inför matchen eftersom jag skulle få spela defensiv innermittfältare, en position jag var ovan vid eftersom jag vanligtvis spelade mittback. När vi samlades, cirka en och en halvtimme före matchen, kom en av tränarna fram till mig och sa: "Lycka till idag och kör hårt för idag kommer förbundskaptenen för juniorlandslaget och kollar extra på dig". Hela tiden fram till matchen tänkte jag tankar som att: "Nu måste det gå bra, nu måste jag visa upp mig, jag får inte misslyckas" osv. vilket självklart ledde till för hög stressnivå och en mindre bra prestation i matchen. Vetskapen om förbundskaptenens närvaro var en etablerande omständighet som gjorde det mer bestraffande att misslyckas och göra misstag – vilket ledde till för hög anspänningsnivå och sämre prestation.

En typ av etablerande omständigheter som ofta glöms bort är tankar såsom egna värderingar, egna och andras attityder, förutfattade meningar, missuppfattningar och felinformation. Om jag som idrottare har värderingen att det viktigaste är att mitt idrottande ska vara roligt och den dag jag inte längre tycker det då lägger jag av, då kommer jag aldrig att låta mig drivas av enbart negativ förstärkning. Min värdering – den etablerande omständigheten – kommer att göra negativ förstärkning såsom att absolut uppnå visst mål, en viss höjd, bli uttagen till visst mästerskap helt ickeförstärkande.

Att göra en tillämpad beteendeanalys är som att lägga ett pussel där alla bitar är viktiga. Vilken/vilka beteenden (R) ser jag? I vilka situationer (S) dyker de upp?

Vilka förstärkningar (K) följer i samband med eller direkt efter beteendet? Finns det känslor, händelser, miljöfaktorer, personer, information, föreställningar närvarande hos idrottaren i situationen – det vill säga etablerande omständigheter – som påverkar förstärkningarna och därmed beteendet?

När vi gör vår beteendeanalys räcker det alltså inte med att leta efter stimuli (S) som startar beteendet och konsekvenser (K) som följer på beteendet, vi behöver också känna till eventuella etablerande omständigheter (EO) som påverkar styrkan i förstärkningarna (K), för att verkligen förstå.

Vad får beteenden att öka och vidmakthållas – en sammanfattning

Det som händer i anslutning till ett beteende (förekomsten av förstärkningarna) avgör om ett beteende kommer att fortleva eller till och med öka i frekvens.

- Förstärk de beteenden du vill se mer av.

- Positiv förstärkning är alltid att föredra.

- Olika individer drivs av olika förstärkare.

- Ge förstärkning på beteenden som ligger på den enskilde individens nuvarande utvecklingsnivå. Jämför inte idrottare med varandra.

- Som idrottare är det viktigt att ha många förstärkare, som motiverar till att idrotta.

- Självförstärkning är avgörande för att idrotta under lång tid och att utvecklas. Att bli framgångsrik idrottare kräver att man njuter eller förstärks av själva utövandet.

- Om du ska lära ut en ny rörelse, teknik eller övning, är det viktigt med kontinuerlig förstärkning i början som sedan kan glesas ut mer och mer när beteendet väl har blivit etablerat.

- Stimulera alla, även talanger, till att bredda sin beteenderepertoar genom att pröva nytt.

- Etablera omständigheter som gör att idrottande sker under positiv förstärkning och att det är riskfritt att våga och att testa nytt. Se till att idrottaren inte drivs av rädsla för att bli bortvald, sitta på bänken eller för att få kritik. Kom ihåg att negativ förstärkning är ett effektivt sätt att göra en lustfylld aktivitet olustbetonad – döda idrottsintresset.

Försvagning av beteenden – bestraffning och utsläckning

Beteenden uppstår och försvinner. När beteenden försvinner eller används allt mera sällan kallas detta för "försvagning".

Det finns två möjliga orsaker till att ett beteende försvagas. Dels kan det få en omedelbar, obehaglig (aversiv) konsekvens och då göra personen rädd för att upprepa beteendet åtminstone för en stund. Detta kallas bestraffning. Dels kan beteendet försvagas genom att det inte får någon förstärkning alls under en tid och blir meningslöst. Detta kallas utsläckning.

Bestraffning

Ibland känner tränare och coacher att de måste göra något för att få idrottarna att snabbt sluta bete sig på ett visst sätt. De vill ingripa för att få ett visst beteende att upphöra genast.

Det är match och försvaret ligger alldeles för högt på plan. Ingen finns hemma som kan försvara när man tappar pucken. Trots flera instruktioner så fortsätter försvarsspelarna att ligga för högt i banan. Tränaren har skrikit sina order, men spelarna tycks inte bry sig eller har inte förstått vad han menar. Tränaren surnar till och blir ilsken och när backarna kommer in i båset skäller han ut dem, för att få dem att göra som han vill.

I bästa fall fungerar utskällningen som en bestraffning. Det typiska för bestraffningar är att de får ett beteende att genast upphöra. Effekten av bestraffning är vanligen bara tillfällig, så snart återkommer beteendet, eftersom det sannolikt har kvar sina förstärkningar.

Bestraffning är en konsekvens som får ett beteende att omedelbart upphöra. Om beteendet fortsätter i stunden trots "bestraffningen" så fungerade det inte som någon bestraffning. Man kan således inte avgöra om en konsekvens är bestraffning, utan att se vilken omedelbar effekt konsekvensen har på beteendet. En utskällning kan vara en bestraffning, men det vet vi endast genom att se om beteendet upphör omedelbart. Hårda ord och tillrättavisningar kan i vissa fall fungera som förstärkningar vilket visas om beteendet fortsätter eller ökar.

Då bestraffning vanligen inte ger ett långvarigt resultat på beteendet, är det ineffektivt. Det är dock mycket förstärkande för tränare och coacher och därmed ofta använt. Tränaren känner att han gjort ett bra jobb då han får omedelbar påverkan av sina bestraffningar. Tränaren blir negativt förstärkt att använda sig av bestraffningar. Att resultat på längre sikt uteblir är inte något han känner av i stunden.

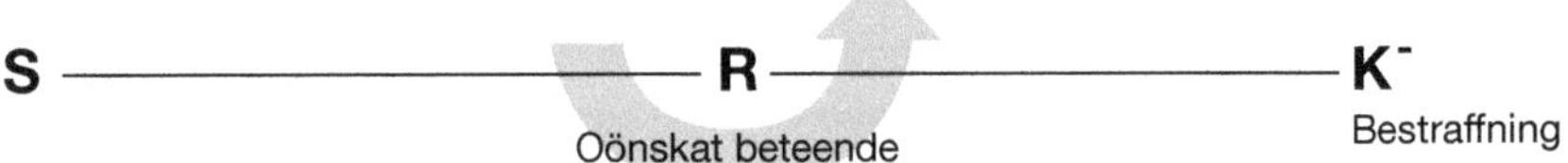

Pilen visar hur bestraffningar vanligen fungerar. En snabb nedgång genom ett undertryckande av beteendet (R), som senare följs av en återgång. Minus (⁻) vid K innebär att konsekvensen är obehaglig, aversiv.

För att en bestraffning ska fungera långsiktigt måste tre villkor uppfyllas:

1. Bestraffningen måste komma omedelbart efter det beteende man vill stoppa.

2. Bestraffningen måste vara kraftigt olustig (aversiv)

3. Bestraffningen måste vara kontinuerlig – komma varje gång efter beteendet.

Ishockeydomaren dömer utvisning och matchstraff för roughing. Spelaren åker slokörad av isen, går ner och byter om. Denna konsekvens kommer omedelbart efter förseelsen (1), är mycket aversiv (oönskad) för spelaren (2) och kommer med stor säkerhet vid varje liknande ojust spel (3). Detta uppfyller de nödvändiga villkoren för att fungera som en bestraffning och har därför en hämmande effekt på framtida beteende på rinken.

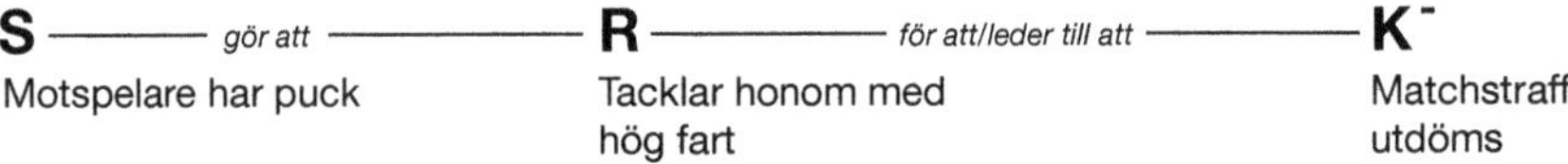

När de tre villkoren föreligger blir beteendet att avstå ifrån ojust spel negativt förstärkt. Det blir angeläget att undvika beteendet för att slippa straff. I dessa undantagsfall kan bestraffning vara effektivt.

Vanliga insatser som avses vara bestraffande är utskällningar, hån, förolämpningar, blänga på, "sätta på plats", sätta på bänken, aktivt ignorera. Om "bestraffningen" åtföljs av omedelbar beteendeminskning, så har den fungerat bestraffande.

Ibland kan bestraffning förekomma fastän det inte var syftet. Frida är på sin första konståkningsträning. Frida har precis sett EM i konståkning på TV och blivit intresserad av att prova på. Dagens träning äger rum mitt under terminen vilket innebär att de andra tjejerna har hunnit genomföra sju träningar tidigare. Under uppvärmningen när de åker runt på isen ramlar Frida omkull. Eftersom Frida aldrig åkt skridskor innan så gör det inte henne någonting utan hon tar sig snabbt upp på benen igen. Samtidigt som hon reser sig upp så ser hon dock att ledarna står och skrattar åt henne. Frida får direkt en klump magen och vill därifrån. Detta blev Fridas första och sista konståkningspass. Ledarnas skrattande fungerande som en bestraffning.

Trots att bestraffning är effektiv för att undertrycka ett beteende i stunden, är metoden tveksam att använda. Den tillämpas dock inom både träning och tävling. Den omedelbara nedgången av det oönskade beteendet fungerar som en negativ förstärkning för tränare och tränaren känner att "hon gjort något". Detta kan ses som förklaringen till att bestraffning trots allt används. Metoden är osäker då det är svårt att leverera bestraffningen enligt de tre villkoren (omedelbart, kraftigt olustigt och kontinuerligt) för att den ska bli effektiv. Svårigheterna är uppenbara exempelvis för en orienteringstränare att bestraffa sin aktives felaktiga vägval mitt i skogen, en seglingscoach att från land nå fram med sitt budskap och en tränare på en fullsatt arena att göra sig hörd till spelarna på planen.

Bestraffning är också olämpligt i ledarskapet eftersom idrottaren inte lär sig något nytt. Det sker ingen nyinlärning. I bästa fall lär sig idrottaren vad som var fel, men inte vad han eller hon förväntas göra istället.

> Bestraffning är ett "lockande" tilltag för tränare och ledare, då det leder till en omedelbar beteendeförändring, men eftersom den inte kan ges enligt de tre kriterierna är den vanligtvis ineffektiv.

Bieffekter av godtyckliga bestraffningar är misstämning, avundsjuka, det förstör relationen mellan människor, ilska, trots, hämndlystnad, fortplantad bestraffning – min dräng har också en dräng, dåligt samvete såväl hos den bestraffade som hos bestraffaren. Lägg därtill att den sällan är effektiv. Man kan inte bestraffa fram bättre prestationer.

Omgivningen kan ge "naturliga" bestraffningar. En hånande publik, buande, nedlåtande journalistik, misslyckanden i förhållande till alltför högt ställda krav kan alla fungera som bestraffningar. Om man upphör med sitt beteende på grund av rädsla för bestraffningar, då har bestraffningen blivit verksam som negativ förstärkning.

Att kritisera är inte självklart en bestraffning, fastän man skulle kunna tro det. Det kan i själva verket fungera som positiv förstärkning. Avgörande är hur beteendet utvecklas efter kritiken. Upphör det omedelbart, då har kritiken fungerat som en bestraffning. Men om sannolikheten för det kritiserade beteendet ökar så har kritiken fungerat som en förstärkning. I det senare fallet kan blotta uppmärksamheten, som kritiken innebär, vara förstärkande. Särskilt om den kritiserade personen är utsvulten på uppmärksamhet (EO) som gör all uppmärksamhet förstärkande.

Konstruktiv kritik är ofta positivt förstärkande särskilt när ett nytt beteende ska läras in. Kritiken ger uppmärksamhet och underlättar inlärningen. Anklagande negativ kritik utan förslag till förändringar eller lösningar kan däremot upplevas som bestraffning.

> Slutsatsen måste bli att bestraffning är en ineffektiv och dålig metod att påverka mänskliga prestationer och beteenden. Avstå helst från att använda bestraffning.

Betydligt mera långsiktigt effektivt att få oönskade beteenden att upphöra är att göra dem meningslösa, genom att se till att de inte får någon förstärkning. Beteenden som inte får förstärkning släcks ut.

Utsläckning

Utsläckning av olika beteenden sker ständigt. Ibland försvinner beteenden som man vill ska vara kvar och ibland försvinner oönskade beteenden, utan att man vet hur det gick till.

Inget beteende kommer att överleva om det inte får förstärkning.

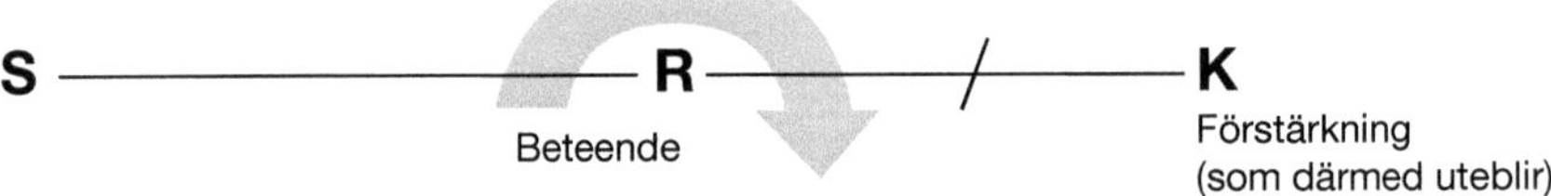

Pilen beskriver beteendets utveckling vid utsläckning. Vid utebliven förstärkning ökar till en början beteendet, för att sedan släckas ut.

I beteendeformeln betyder –/– att förstärkningen hindras. Beteendet leder inte längre till något som gör det värt att använda.

Gunnar spelar fotboll. I dagens match spelar han offensiv innermittfältare och har blivit instruerad att löpa mycket i djupled. Redan i inledningen av matchen löper Gunnar i ett läge där han ser en möjlighet att få en passning. Stefan som är bollförare väljer dock ett annat alternativ – att avsluta själv. Vid nästa anfall springer återigen Gunnar i djupled och ropar på bollen. Bollföraren, i detta fall Armin, väljer dock att passa bollen bakåt. I slutet av första halvlek har Gunnar sprungit tio gånger i djupled utan att få bollen. Han har heller inte fått någon uppskattning av tränaren (vilket kunde fungerat som positiv förstärkning) för de löpningar han har gjort. Gunnars bristande spelförståelse innebär också att han inte kan se att hans löpningar öppnar ytor och möjligheter för hans medspelare (en eventuell positiv förstärkare). I andra halvlek springer inte Gunnar i djupled. "Det är ändå ingen idé", tänker han. Gunnars djupledslöpande har släckts ut på grund av utebliven förstärkning.

Lisa är basketspelare. Under försäsongen har hon verkligen slitit hårt för att ta en plats i startfemman. Hon har inte missat en enda träning, hon har tagit i max i löpningarna och hon har pushat sina medspelare under träning. Under inledningen av säsongen märker hon att hon inte får så mycket speltid. Till en början kämpar Lisa på och fortsätter att komma på varje träning. Efter en tid märker dock Lisa att hur mycket hon än anstränger sig, så hamnar hon på bänken vid match. Till slut leder det till att hon blir tyst på träningarna, hon tar inte i max vid löpningar och hon hoppar till och med över vissa träningar. Hennes beteenden har släckts ut.

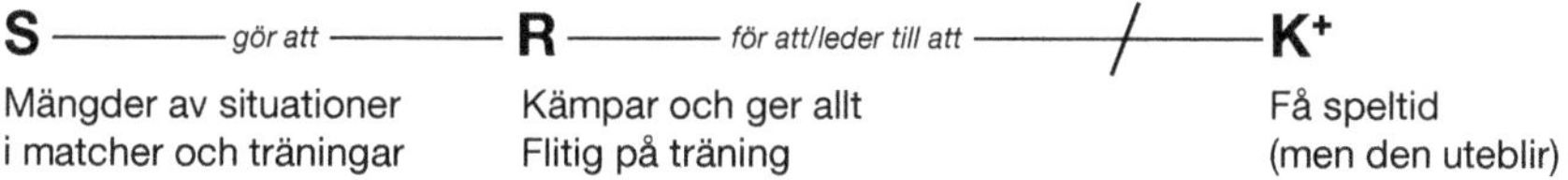

Om mina beteenden inte fungerar på önskat sätt, så kommer jag att sluta med dem. Om jag slår ut sju backhand i rad i tennis, är risken stor att mitt beteende att använda backhand släcks ut, åtminstone i den aktuella matchen.

Om beteendet är väl inarbetat och har funnits under en längre tid kommer det inte att omedelbart försvinna utan kulminera innan det utsläcks. Först blir det mera beteende innan det utsläcks helt.

Andreas har klarat 1,85 meter i höjdhopp många gånger med sin speciella floppteknik. Plötsligt en dag är det fullständigt omöjligt att ens nå 1,80 meter. Andreas har fått förstärkning på sitt hoppande så många gånger och under så lång tid att han "vet" att det ska fungera. Han försöker och försöker än mera intensivt under några dagar. Det ska gå. Detta kallas utsläckningskulmen – han ökar omedvetet beteendet, liksom för att undersöka om det verkligen inte ska fungera. Efter några dagar händer något utan att han ens själv tänker på det – när han håller på som mest intensivt, börjar han ändra sitt beteende och experimentera. När ett väletablerat beteende utsätts för uppehåll i förstärkningarna och när nervsystemet inte längre får förstärkning börjar ett automatiskt sökande efter ersättningsbeteenden. Det som sker är sökande inlärning kallad shaping eller formning – vi återkommer till detta i nästa kapitel.

Om nu detta sökande leder fram till ett nytt beteende som får förstärkning – klarar 1,85 meter – då förstärks det nya beteendet och det gamla utsläcks och ersätts.

För att utsläckning inte ska ske måste förstärkningarna åtminstone komma så tätt att nervsystemet uppfattar det som intermittent förstärkning. Är det alltför glest mellan förstärkningarna kommer beteendet att utsläckas. Mycket gamla och framgångsrika beteenden – pålitliga beteenden som lett till intermittent förstärkning – är synnerligen svåra att utsläcka. Nya beteenden utan "historia" – som inte hunnit vara framgångsrika i att ge förstärkning eller som endast gett kontinuerlig förstärkning – är lättare att släcka ut.

Många tränare undrar varför två spelare i liknande situation kan bete sig mycket olika. Två fotbollsspelare som hamnat utanför startelvan kan agera helt olika. Den ena forsätter att kämpa och ger allt på träningar, medan den andra verkar uppgiven och agerar lojt och nonchalant. Hur kan det vara så?

En förklaring kan vara att spelare nummer ett har flera förstärkare än enbart speltid i startelvan. Han kan också förstärkas av att utvecklas varje träning, av att sköta sin kropp och vara förberedd när han väl får chansen. För spelare nummer två kanske enbart speltid är det viktiga och förstärkande. Att få spela matcher, göra mål, göra assists osv är det som förstärker honom. Olikheterna beror på deras olika inlärningshistorier. Den ene är van vid intermittent förstärkning – att bara få spela ibland – och har då blivit van att kämpa på för att då och då få förstärkning – att få plats i startelvan. Spelare två har en inlärningshistoria med kontinuerlig förstärkning och har alltid platsat i startelvan, vilket gjort honom bortskämd och ovan vid att behöva jobba för att få chansen (förstärkning). Den senare blir mindre motståndskraftig mot utsläckning, slutar kämpa tidigare.

För att hålla liv i idrottandet när formsvackor kommer och när de idrottsliga framgångarna uteblir, kan tränare, coacher eller föräldrar betyda mycket bara genom sitt sätt att uppmärksamma idrottaren. Uppmärksamhet och intresse från andra är ofta kraftfull positiv förstärkning.

Utsläckning kan även förhindras genom att man ser andra få förstärkning för beteenden. Beteenden som jag inte själv gjort kan bli förstärkta genom att jag ser någon annan göra beteendet och få förstärkning för det. Vikariell förstärkning har redan nämnts. "Vikariell" syftar på att en "vikarie" gör beteendet och får förstärkning på det. Den spelare som får sitta på bänken under hela turneringen kan blir vikariellt förstärkt när hans lag vinner, trots att han inte medverkat till det. Det kan få honom att fortsätta träna med laget. Vikariell förstärkning är verksamt för att få unga pojkar och flickor att börja med en idrott för att de blir vikariellt förstärkta ("inspirerade") att pröva, när de ser Zlatan, Michel Torneus, Jonas Jerebko, Anna Haag och Irene Ekelund bete sig med framgång.

En tränare kan påverka en hel grupps beteende genom att öppet förstärka en gruppmedlem för ett visst beteende. "Det var jättebra att du tog hand om Pelle när han blev ledsen för att han inte gick vidare till final." De som lyssnar på detta kan bli vikariellt förstärkta att göra samma sak vid nästa tillfälle. Vikariell förstärkning ökar sannolikheten för imitation – härmning. Det vi kallar förebilder är personer, som utgör källor till vikariella förstärkningar. I det långa loppet är dock inte vikariell förstärkning något man kan förlita sig på för att undvika utsläckning. Om jag inte själv får intermittent förstärkning men andra får det, så kan detta efter en tid upplevas aversivt – det vill säga bestraffande.

Om varken direkt förstärkning genom framgång i idrottandet eller sociala förstärkningar – gemenskap med likasinnande, en peppande tränare eller uppmuntrande förälder – finns och inte heller själva träningen är självförstärkande, då kommer idrottsbeteendet att dö.

> Tränare och coacher bör i största möjliga mån använda sig av utsläckning för att få oönskade beteenden att upphöra och avstå från bestraffning.
> Viktigt att hålla i minnet är att ett beteende som är under utsläckning till en början ökar innan det försvinner.

Vad får idrottsutövare att sluta med sin idrott?

> Om ett beteende blir helt utan förstärkning då slocknar det – inte bra resultat, inte uppmärksamhet, inte glädje – varför använda beteenden som inte ger mig något över huvud taget?

Johan (14) var en talang i långdistanslöpning. Ingen på skolan kunde hota hans herravälde på långa distanser på olika skoltävlingar och skolmästerskap. Johan värvades och hamnade på ett idrottsgymnasium. Plötsligt fanns på samma skola flera talanger och särskilt en person som föreföll oslagbar för Johan. Johan lyckades som bäst bli tvåa, men kunde också hamna längre ner i resultatlistan. Johan blev allt sämre, tränade mindre villigt, visade inte samma vilja och verkade alltmera håglös. Vad hade hänt?

Från att ha vunnit varje tävling, vilket innebar att Johan fått kontinuerlig förstärkning (varje gång) vid tävling, hamnade han i en situation där vinsterna (förstärkningarna) helt försvann. Hans träningsbeteende utsläcktes och hans idrottskarriär avslutades.

När inte längre förstärkning på de idrottsliga beteendena finns, då upphör man att idrotta. Framgångarna uteblir trots att man tränar hårt, tränaren har nya unga förmågor som intresserar henne mera, man uppnår inte de mål man satt upp för sig själv, man tycker att man inte utvecklas längre, den sociala gemenskapen ger inget längre och det är inte längre roligt (självförstärkande) att utöva, träna och tävla. Man kanske också har funnit andra aktiviteter som är mera förstärkande. Utsläckning blir följden.

Inlärd hjälplöshet – Pike's syndrom

Gäddan (the pike), som efter att ha misslyckats i sina försök att fånga småfisk ett antal gånger då den hindrats av en glasruta, ger slutligen upp och fångar inte längre fisk ens sedan glasrutan tagits bort. Fångstbeteendet har släckts ut – har upphört att existera.

Låt oss nu tänka oss en idrottare som ihärdigt kämpar för att få förstärkning – utvecklas och förbättras. Denne idrottare "ger sig" inte. Han prövar det ena beteendet efter det andra, men förstärkningarna kommer inte trots alla ansträngningar. Han ökar träningsdosen, han prövar många olika knep, varianter och upplägg, han anstränger sig på alla sätt, men förstärkningen uteblir. Inte någon av alla hans ansträngningar leder förstärkning. Nu tröttnar och utsläcks även hans tränare på honom och uppmärksamhet och råd försvinner. En generaliserad utsläckning eller inlärd hjälplöshet kan då ske. Allt idrottsbeteende upphör. Inlärd hjälplöshet handlar om apati eller ett depressionsliknande tillstånd, där personen mer eller mindre upphör att bete sig.

> Glöm inte den som gör sitt bästa även om resultaten för tillfället inte är så goda. Glöm inte den som anstränger sig, men som för tillfället inte lyckas. Förstärk beteendet att anstränga sig och inte bara de goda resultaten. Goda resultat är i sig själva kraftfulla förstärkare.

Inlärd hjälplöshet eller Pike's syndrom vittnar om hur effektiv utsläckning kan vara. Många avbrutna idrottskarriärer kan ses i ljuset av en generaliserad utsläckning. När de idrottsliga framgångarna uteblir, när inte längre tränarens intresse väcks trots idoga ansträngningar och försök, när själva idrottandet inte längre är förstärkande, då kommer träningsbeteendet och tävlandet att upphöra. Till vardags kallar vi utsläckning för "att tappa sugen" eller "att vara omotiverad". Oavsett vad man kallar upphörandet av beteendet, så beror det på brist på förstärkning.

> Om utsläckningen sker efter stora ansträngningar där många olika strategier provats och använts, utan att förstärkas, då kan en generell utsläckning av många beteenden samtidigt ske. Detta kallas inlärd hjälplöshet, apati eller Pike's syndrom. Inlärd hjälplöshet påverkar personens hela beteenderepertoar och upplevelse av att kunna påverka sin situation.
> I allvarliga fall och under längre tid leder det till depression.

Ett helt lag kan drabbas av en lindrig form av inlärd hjälplöshet om många detaljer i spelet misslyckas gång efter gång. Givna målchanser går om intet, passningar går inte fram, dribblingar bryts av motståndarna o s v. De spelare som själva drabbas av denna utsläckning sänker automatiskt sin aktivitetsnivå efter tillräckligt många oförstärkta beteenden. De spelare som tittar på hur omöjligt allt förefaller vara, blir vikariellt utsläckta att ge allt, eftersom det ändå inte leder till något. Hela lagets aktivitetsnivå sänks.

Bestraffning och utsläckning samverkar

Caroline jobbar hårt för att åter ta plats i laget. Hon tar löpningar vid träningsmatcherna, hon ger mest vid fysträningen, hon tekniktränar extra mellan de vanliga träningarna. Kort sagt hon satsar hundratio procent, men trots detta får hon hela tiden ovett och kritik av tränaren för det hon gör är fel, för lite, fel sort eller klumpigt utfört och för det hon borde ha gjort men inte gjorde.

Förstärkningarna uteblir samtidigt som hennes beteenden (försök) bestraffas. Idrottsbeteendena kommer sannolikt mycket snabbt att upphöra genom denna samverkan av utsläckning och bestraffning.

Hur man bäddar för uthålligt idrottande

Många är de så kallade supertalanger inom idrotten som aldrig lyckas fullt ut – och till och med avslutar sina karriärer när de upplever motgångar i sin utveckling. En inlärningspsykologisk förklaring som nämnts tidigare är att supertalangerna sedan barnsben fått kontinuerlig förstärkning och därmed inte är tillräckligt motståndskraftiga mot utsläckning den dagen de kontinuerliga förstärkningarna uteblir genom att konkurrensen hårdnar.

Nikola är 22 år och fotbollsspelare. Senaste tiden har han börjat få tankar om att lägga av med fotboll. När han var 16 år var allt så glasklart; han skulle bli proffs i Milan. Frågan var inte *om* han skulle bli proffs utan när. Som barn gick allt lätt för honom. Han gjorde alltid många mål och var överlägsen de andra i samma ålder. Nikola var alltid med i distriktslag och ungdomslandslag. När han var 18 år gammal fick han ett kontrakt med seniorlaget i sin förening – en klubb i superettan. Allt var frid och fröjd. Första säsongen i seniorlaget var helt ok. Nikola tyckte att träningarna var roliga och han upplevde att han utvecklades. Dock fick han lite speltid i A-laget vilket han upplevde tråkigt. Inför den andra säsongen tänkte han verkligen visa att han var värd speltid, men tränaren valde ändå att satsa på andra alternativ. Nikola kände situationen som alltmera hopplös. Vad han än gjorde så fick han ingen speltid. Han upplevde själv att han gjort allt, men tydligen räckte det inte till. Han fick endast göra något enstaka inhopp här och där. Nikola började tröttna. Han gav inte längre allt på träningarna, "vad spelar det för roll". Han var passiv i närkamper, sprang inte fullt på intervallpassen och slarvade i passningsspelet. Beteenden som förde honom ännu längre från en plats i startelvan.

Utgångspunkten för uthålligt idrottande är att fallenhet för en idrott finns. Ur inlärningssynvinkel är det gynnsamt om fallenheten garanterar att personen i början är någorlunda framgångsrik eller på annat sätt förstärks av en inspirerande tränare. Därmed garanteras positiv förstärkning på ett i det närmaste kontinuerligt schema. Tätt med förstärkning i början när man börjar med ny idrottsgren gör att beteendet får fäste. Inte alltför mycket allvar och tävling tidigt utan idrottande för idrottandet är roligt (förstärkande). Att utöva den "nya" sporten måste bli så förstärkt (lustfyllt) i sig självt, att det blir ett "prioriterat" beteende att utöva den. När utövandet blivit angeläget och mer självförstärkande – det vill säga att personen tar chansen att utöva det när möjlighet ges, då kan det vara dags att låta de yttre förstärkningarna bli mera glesa (intermittenta). Det sker oftast helt naturligt genom att personen hamnar i en alltmera kompetent omgivning med duktigare medtävlare.

Som tränare blir det en utmaning att hitta den nivå idrottaren befinner sig på för stunden. Om en idrottare tränar för lite, så kan det bero på att han/hon blivit "mätt" på förstärkningar direkt. Den som är en idrottstalang behöver inte bete sig så många gånger för att vinna eller för att uppnå förstärkande resultat, sedan kan han/hon slå sig till ro. Man skulle kunna säga att han/hon blir bortskämd, genom att inte behöva anstränga sig. Som tränare blir det då viktigt att individanpassa träningen så att alla får lämpliga utmaningar på den nivå de befinner sig. Idealt bör beteenden som att kämpa och anstränga sig leda till framgång, som är en naturlig förstärkare.

Det finns alltså en fara i att ha alltför lätt för sig i sitt idrottsutövande efter inledningsfasen. Det ideala torde vara att få tätt med förstärkningar alldeles i början. När intresset väckts och man har börjat uppskatta såväl träning som tävling, måste man få möta motstånd som gör att förstärkningarna blir alltmera glesa (intermittenta). Motståndet får inte bli övermäktigt med en gång för då föreligger risk för utsläckning, utan sakta men säkert får konkurrensen bli hårdare och det blir svårare att vinna eller att vara bäst. Förstärkningen att vara bäst, duktig blir mindre tydlig och alltmera gles, när man hamnar bland mera jämbördiga idrottare. I den mera jämnbördiga omgivningen "tränas" man då att tåla att ta att förstärkningarna inte är självklara – intermittent förstärkning. Den intermittenta förstärkningen gör också att personen naturligt ökar träningsdosen för att få mera förstärkning. Om nu den ökande ansträngningen leder till förbättrade prestationer och utveckling, då blir detta förstärkning för att fortsätta sina ansträngningar. En gynnsam spiral har startat.

Inom idrotten förs ständigt diskussioner kring uppflyttning i åldersgrupper eller nivåindelning av idrottare. Ur ett inlärningspsykologiskt perspektiv finns inget generellt svar utan en individanpassad beteendeanalys krävs för varje unik situation och person. För en idrottare kan det vara bäst att vara kvar i sin åldersgrupp, för en annan kan det vara bäst att flytta upp och träna med äldre och för en tredje kan det vara bäst med en kombination. Får idrottaren alltför tät (kontinuerlig) förstärkning genom att vara överlägsen i sin åldersgrupp, kan det vara bra att flytta upp och ibland träna med äldre. Att träna med äldre är sannolikt i sig en positiv förstärkning samtidigt som det inte är lika lätt att då vara bäst på plan. Men om samma idrottare till största delen idrottar på grund av sociala förstärkare i sin åldersgrupp är det en ledarfråga att se till att idrottaren får utmaningar (glesare med förstärkning) i sin åldersgrupp. Utmaningar kan vara att ge svårare övningar, ställa större krav och att ge konstruktiv (vägledande) kritik trots att idrottaren är förhållandevis duktigare än övriga. Tränarens intresse är då den viktiga förstärkning som gör ansträngningarna mödan värd.

Avbrott i förstärkningarna kan ske när ett framgångsrikt och överlägset lag blir uppflyttat till en högre division och där möter lag som är bättre. Förstärkningarna (framgångarna) uteblir och spelarna får glest med eller inte alls förstärkning och tappar då sugen (början på utsläckning) och det går allt sämre. Här är det återigen viktigt att ledare och föräldrar finner andra förstärkare än enbart resultat. Kanske har man lyckats med fem passningar inom laget? Eller haft bollen på motståndarnas planhalva? Eller till och med haft tre skott på mål? Eller var utförandet tekniskt rätt? Eller har vi stöttat varandra i gruppen på ett bra sätt? Kreativa ledare och föräldrar kan förstärka och hitta glädjeämnen (förstärkare) utanför de traditionella vinsterna och resultaten.

Behovet av förstärkning är detsamma inom alla sporter och idrottsgrenar, men förstärkningarna handlar inte alltid om idrottsliga framgångar utan också om förstärkning i form av gemenskap och glädje att utöva själva aktiviteten. Det kan vara förstärkande i sig självt att "kicka boll", träna puttar i golf, "lyfta skrot" i sin ensamhet. Om utövandet och tränandet är självförstärkande, vilket kan bli resultatet av framgång och utveckling, finns de absolut bästa förutsättningarna för uthålligt, idogt och även framgångsrikt idrottande.

Eftersom många blommar ut sent inom idrott, är det angeläget att få med så många som möjligt så länge som möjligt. Se till att träning och tävlingar blir lustbetonade i sig och håll nere betydelsen av vinst och framgång. Odla det sociala, sammanhållning och lekmomenten och gör att det runt själva idrottsutövandet blir angenämt – många olika förstärkare finns tillgängliga.

Vad styr motorisk och kognitivt (operant) beteende?

Det torde framgått av detta kapitel att operant/viljekontollerat beteende styrs av sina konsekvenser, sina förstärkningar. När beteendet utförs för sina förstärkningars skull, kallas det *"konsekvensstyrning"* eller kontingensstyrning. Man kan säga att beteendet styrs "bakifrån" av sina medvetna eller omedvetna avsikter.

Ett beteende kan dock styras "framifrån" och vara utan förstärkning (K). Ett nytt och oprövat beteende kan tillfälligtvis styras enbart av S – en idé, tanke, tillsägelse, uppmaning eller instruktion – detta kallas *"regelstyrning"*. Ofta agerar människor – föräldrar, lärare, tränare – som om beteendet alltid styrdes av uppmaningar, tillsägelser och regler (S).

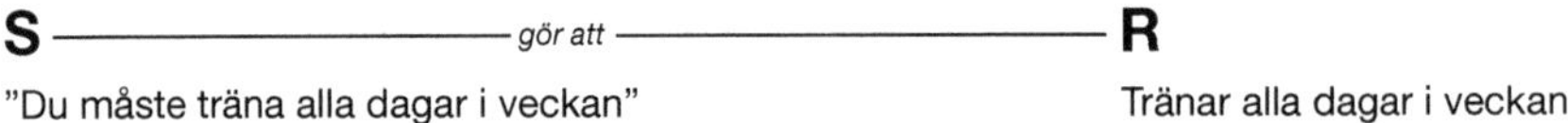

Om detta vore ett uthålligt sätt att styra beteenden skulle tillsägelsen (S) räcka för att få beteendet att utföras fortsättningsvis hur länge som helst och tills en ny tillsägelse eller regel (S) presenteras. Det skulle innebära att förstärkningar saknade betydelse. Så är inte fallet, men detta hindrar inte människor från att försöka styra beteenden med hjälp av regler, uppmaningar, tillsägelser och tjat.

Regelstyrning av beteenden fungerar, men bara några få gånger om beteendet inte får förstärkning. Regelstyrning ska användas för att få personer att pröva att bete sig på nytt sätt exempelvis genom instruktion, uppmaning och konstruktiv kritik. Om beteendet ska fortleva måste det dock leda till någon förstärkning, för att inte utsläckas.

Varför tjatar då människor? Jo, regelstyrning fungerar ofta omedelbart, vilket förstärker och får personen att upprepa "tillsägelsen eller regeln", när beteendet åter försvinner och tjatet är ett faktum.

Istället för att enbart tala om för en person hur den ska bete sig, måste man sörja för att beteendet blir förstärkt när det låtit sig styras av tillsägelsen, instruktionen eller "regeln".

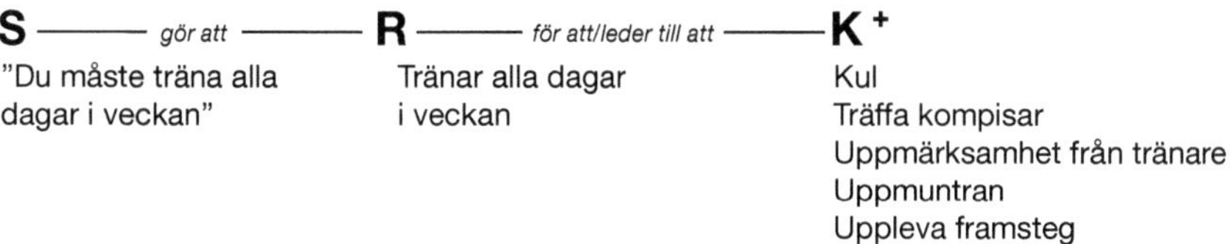

Instruktioner kan få en människa att pröva ett nytt beteende några gånger, men om beteendet inte leder till förstärkning så utsläcks det. Tjat är ett upprepat försök att regelstyra beteenden.

Operant beteende kan styras framifrån (S) – av regler, tillsägelser, uppmaningar, instruktioner och tjat. Men i längden krävs förstärkningar (K), styrning bakifrån, för att beteendet ska vidmakthålls. Regelstyrning kan vara ett hjälpmedel för att få personen att pröva nytt beteende, men måste omgående ersättas av förstärkningsstyrning.

Sammanställning av symboler och begrepp

Operant analys		
Den centrala delen vid all beteendeanalys är alltid beteendet **R**		
Symbol	**Term/Namn**	**Förklaring**
R	**Reaktion eller beteende**	*Reaktion – ett operant beteende – motoriskt beteende eller tankebeteende. Reaktionen/ beteendet, som vi önskar förstå, är alltid vårt fokus i beteendeanalysen. Avsikten med beteendeanalys är att finna orsakerna till beteendet, för att senare eventuellt kunna påverka det.*
S *eller* **S⁻**	**Stimulus eller startstimulus**	*Företeelse/r som i en viss situation får en individ att starta ett beteende (R).*
K *eller* **K⁺** *respektive*	**Positiv förstärkning** **respektive**	*Företeelse som gör beteendet (R) "värdefullt", önskvärt, angeläget eller funktionellt för beteendeägaren och därmed ökar sannolikheten för att beteendet (R) upprepas.* *Positiv förstärkning individen erhåller (addition - plus) något förväntat, önskat eller angenämt.*
K⁻	**Negativ förstärkning**	*Negativ förstärkning individen blir av med (subtraktion – minus) något oangenämt.*
K⁻	**Bestraffning**	*Aversiv, obehaglig företeelse som får beteendet att genast upphöra, men vanligen bara tillfälligt.*
S — R — K	**Förstärkningsformel (paradigm)** **(Positiv förstärkning)**	*Visar beteendet R i sitt sammanhang och vilka förstärkningar som ökar sannolikheten för att det ska upprepas.*
S⁻ — R — K⁻	**Förstärkningsformel (Negativ förstärkning)**	*Beteendet R innebär en flykt eller ett undvikande som leder till befrielse från en aversiv eller oönskad situation. Sannolikheten för att upprepa beteendet (R) ökar.*
S — R — K⁻	**Bestraffningsformel**	*Beteendet R följs av eller leder till en aversiv eller obehaglig konsekvens, vilket får beteendet att omedelbart upphöra tillfälligt.*
S — R —/— K	**Utsläckningsformel**	*Beteendet R leder inte till någon förstärkning K alls, vilket gör att det upphör på sikt.*

EO	*Etablerande omständighet*	*En omständighet som inte själv startar ett beteende, men som gör förstärkningen på beteendet effektivare och därmed ökar det eller som minskar/tar bort förstärkningens styrka.*

Brist eller underskott på beteende

Tränaren ropar till basketspelaren att göra en "layup" med vänsterhanden när han kommer in mot korgen från vänster sida. Spelaren envisas trots detta att gå under korgen för att använda höger hand. Varför gör han inte som tränaren säger?

När en person inte beter sig på förväntat vis, kan det bero på flera olika saker. Beteendet kan vara utsläckt, då det inte fått tillräcklig förstärkning. I fallet med basketspelaren skulle det kunna bero på att han har provat layup med vänsterhanden ett antal gånger, men inte lyckats få bollen i korgen.

Det skulle också kunna bero på att ett annat beteende har konkurrerat ut det förväntade beteendet, eftersom detta har fått mera förstärkning. Spelaren i vårt exempel har lyckats plocka åtskilliga tvåpoängare med sina layups med höger hand. Det kan till och med vara så att det senare beteendet är inkompatibelt (betyder "omöjligt att utföra samtidigt") med det första beteendet, så att konkurrensen mellan beteendena omöjliggör det förväntade beteendet. Precis som i detta fall, då man inte kan göra vänster och höger layup samtidigt – de är inkompatibla med varandra.

Slutligen kan underskottet på beteende – att inga layup med vänsterhanden förkommer – bero på att personen inte lärt sig och därför inte kan utföra beteendet. Oavsett hur mycket tränaren tjatar kommer beteendet inte att utföras, förrän spelaren vet hur det ser ut och har tränat in utförandet.

Kunskapsbrist eller färdighetsbrist som problem för oss in på hur operanta beteenden lärs in.

Inlärning av beteenden

Få verksamheter är så inriktade på precision i beteenden som idrott. Förutom styrka och kondition är det precisionen, som avgör vem som vinner och vem som inte räcker till. Finslipning av de idrottsliga beteendena är av avgörande betydelse.

Det finns fyra sätt att förvärva motoriska beteenden. Det viktigaste för att uppnå idrottsliga toppprestationer är inlärning genom shaping eller formning. Formning är en sakta finslipning av beteendet, som ofta sker automatiskt i det vi kallar övning. Ibland genomförs den medvetet och systematiskt. Så sker ofta om en kunnig tränare "med blick för grenen eller sporten" är inblandad i träningen. Man kan säga att formning är när man förändrar lite i taget – kanske nästan omärkligt – så att hela beteendet på sikt blir förändrat och alltmera perfekt.

Innan vi går närmare in på formning ska vi titta närmare på de tre andra inlärningssätten som tillämpas för motoriska och även kognitiva (tanke) beteenden.

Inlärning genom insikt, problemlösning eller eget tänkande

Man kan förvärva nya beteenden genom att själv "uppfinna" dem. Denna form av inlärning är sällsynt, men förekommer ibland i idrottsliga sammanhang. Floppstilen i höjdhopp är kanske ett exempel på ett uppfunnet beteende. Inom bedömningsgrenar som gymnastik, isdans, simhopp, konstsim och dans har sannolikt många nya tekniska moment kommit till genom insiktsinlärning. I konståkning har sannolikt åtskilliga avancerade komplicerade hopp, steg och piruetter i utförandet "uppfunnits" av olika utövare med avsikt att överraska och ta hem seger med nymodigheterna. När ett beteende kommer till genom en tankeprocess, då handlar det om insiktsinlärning. Uppfinningsprocessen ska för att tillhöra gruppen insiktsinlärning inte vara resultatet av tillfälligheter med försök och misslyckande, utan vara resultatet av en egen idé ibland i form av en ögonblicklig ingivelse och ibland som resultatet av funderingar. Att förvärva idrottsbeteenden på detta sätt hör till ovanligheterna. När det sker, är det ofta uppseendeväckande och överraskande.

Om alla idrottare skulle lämnas åt att själva uppfinna sina tekniker, då skulle idrotten inte ha kommit långt. Inlärningssättet låter ofta vänta på sig och kommer kanske aldrig och resultatet skulle bli mycket uselt utom i undantagsfall.

Instruktionsinlärning

Varje tränare, lärare och förälder ägnar åtskillig tid till att med ord instruera sina adepter. Instruktionsinlärning är ofta betraktat som det dominerande inslaget i undervisning, vilket nog inte är säkert. Som ett komplement till imitationen (nästa inlärningstyp) är det ypperligt. Instruktion är aldrig effektiv om den får stå ensam som metod. Instruktioner som man redan fått och känner till upplevs ofta som tjat. Instruktioner bör ges i "lagom" mängd. Det är oftast mer förstärkande att uppleva att man själv lärt sig eller kommit på en "grej" exempelvis genom insiktsinlärning. Dessutom kan upprepade och detaljerade instruktioner upplevas som kritik.

Dessutom är metoden inte särskilt tydlig, då det kan vara mycket svårt att med endast ord beskriva ett beteende så att det sedan kan utföras. Om man med ord skulle försöka beskriva floppstilen i höjdhopp för någon som aldrig sett den, då är det tveksamt om den instruerade personen efter denna beskrivning skulle kunna utföra ett sådant hopp ens på mycket låg höjd.

En skicklig tränare med blick för "grenen" kan däremot med sin feedback i instruktionerna hjälpa en idrottsman att förfina (forma) sin teknik. Vi återkommer till detta i shaping eller formning nedan.

Inom alla lagidrotter har spelförståelse en viktig roll. En del av spelförståelsen handlar om kunskap om taktik. Taktikkunskaper är lämpligt att lära ut genom instruktionsinlärning, som sedan får finslipas genom feedback (se formning nedan).

Inlärning genom modellinlärning/härmning

Vanligaste sättet att förvärva idrottsbeteenden är sannolikt genom härmning eller modellinlärning.

Tillfällen till imitation är talrika. Barn och ungdomar exponeras för idrottsbeteenden både i verkligheten, på TV och dator. Människan har en medfödd benägenhet att härma beteenden hon ser. Vi blir inspirerade (genom vikariell förstärkning) att pröva de beteenden som vi ser andra personer utföra. Detta gäller allt från att lära sig gå, tala med viss dialekt, spela fotboll, boxas, kasta spjut eller stöta kula. Människan har en förmåga att i tanken lagra bilden av ett beteende och härma det med fördröjning, vilket skiljer henne från andra levande varelser. Den lilla killen kan alltså sitta och titta på en fotbollsmatch och dagen efter pröva en dragning han aldrig gjort tidigare. Modeller är inte bara något att härma och lära av, utan även att inspireras av. Avsiktlig modellinlärning kombineras ofta med instruktioner.

En specifik metod och form av modellinlärning är självimitation (selfmodelling). Metoden går ut på att personen ska härma sig själv. Man använder en videoinspelning av en egen helst föredömlig prestation och tittar sedan på sig själv på denna inspelning ett otal gånger. Man filmar exempelvis personen när denne utför ett mycket lyckat diskuskast och låter henne sedan titta på sig själv på film varje dag under många dagar. Det är viktigt att "modellen" på filmen gör ett så korrekt och fulländat beteende som möjligt. Det är fullt möjligt att redigera filmen för att göra beteendet än mera perfekt. Vår medfödda benägenhet att imitera gör att utförande av beteendet påverkas och även tilltron till den egna förmågan. Svart på vitt visar videon vad jag kan göra. Utan att vi tänker på det förändras vårt framtida utförande av beteendet.

Självimitation definieras som *beteendeförändring som är resultatet av upprepad observation av sig själv på video som endast visar önskat målbeteende.*

Ett exempel på självimitation eller feedforward (motsatsen till feedback) handlar om en ryggmärgsskadad pojke i tioårsåldern, som endast kunde simma några få simtag. Efter dessa simtag var han tvungen att gripa tag i bassängkanten. Man filmade pojkens tre simtag och dubblerade avsnittet ett flertal gånger och fick då en film, som visade att han simmade mycket längre. Denna film fick pojken titta på en gång om dagen i 14 dagar utan att få bada i bassäng en enda gång. Vid nästa bad uppmanade man honom att simma och det visade sig att han nu simmade längre än sina tre simtag utan att ta i bassängkanten. Prestationen hade förändrats utan fysiskt träning. Metoden har många gemensamma drag med beteenderepetition/visualisering. Det är dock mera arbetskrävande att åstadkomma en film med ett väl genomfört målbeteende. Trickfilmning är ibland nödvändigt för att få till en trovärdig självimitationsfilm.

Avancerad trickfilmning kräver mycket kunnande och utrustning. Däremot kan man med enklare medel klippa bort misslyckade höjdhopp, spjutkast, forehandsmashar, utslag på tee och bara visa de perfekta eller bästa. Självimitation visar sig även ha en förhöjande effekt på tilltron till den egna förmågan (self-efficacy) i specifika situationer.

I ett experiment med nybörjare (flickor ca 13 år) i beachvolleyboll prövade man en form av självimitationsprogram under åtta veckor. Kontrollgruppen fick traditionell träning med feedback av tränare för lära sig att passa (baggerslag och fingerslag), medan experimentgruppen videofilmades och fick verbala instruktioner i samband med att man tittade på den egna videoupptagningen två gånger i veckan. Det visade sig att självimitationsgruppen hade förbättrats mera än kontrollgruppen både i utförande (beteende) och självtillit (self-efficacy).

Inlärning genom formning

Precision i beteendet får man genom formning (på engelska shaping). Inlärning sker genom en stegvis förfining av beteendet och därmed av prestationen. Formning drivs av förstärkningar. Förstärkningarna "väljer ut" de delar av beteendet som är framgångsrika eller som förstärks på annat sätt. De delar av beteendet eller delprestation som får förstärkning kommer att lagras in i minnet och då med större sannolikhet uppstå i framtiden. De delar av beteendet som inte får förstärkning kommer att utsläckas. En skicklig tränare som har blick för tekniken i idrottsgrenen, kan således med sina klargörande kommentarer och sina påpekanden (förstärkningar) av lyckade detaljer i beteendet, sakta forma fram en alltmera perfekt teknik hos idrottaren. I formningsprocessen ingår även att det som är mindre bra inte ska förstärkas – säkrast ignoreras – för att möjliggöra utsläckning.

Vid inlärning av tekniska beteenden i en gren är formning den klart viktigaste delen av inlärning.

Vid simhopp torde tränarens kommentarer vara avgörande för idrottarens formningsprocess. Tränaren ser vad hopparen inte ser och kan genom instruktioner och konstruktiv kritik (positiva förstärkningar) sakta men säkert få hoppet att bli alltmera perfekt. Hopparen lär sig precision genom erkännande feedback (förstärkning) från tränaren eller äldre idrottare, som förstår att framhålla de bästa detaljerna i utförandet.

Formning är en långsam finslipning av den idrottsliga prestationen, närmast att jämföra med ett evolutionärt skeende, där de mest ändamålsenliga beteendena överlever och de mindre lämpliga utsläcks. Finslipningen handlar om beteendets topografi – beteendets utseende. Topografin blir allt bättre i små, små steg. Endast de försök som är tillräckligt bra eller bäst får förstärkning. På så vis ökar sannolikheten för att just de bästa utförandena kommer att bli vanligare, medan misstagen och mindre lyckade detaljbeteenden utsläcks. Här formas topografin till att bli allt mera fulländad.

Att lära sig åka slalom är en typisk shapingprocess. De felaktiga delbeteendena blir allt färre ju mera man övar och de förstärkningar som "väljer ut" beteenden kan vara att kunna köra allt fortare utan att ramla, upplevelsen att man blir säkrare, känslan att man behärskar, lusten med farten eller beröm från någon duktigare slalomåkare.

Tänk dig att Anja Pärssons åkstil i slalom är den lilla rektangeln till höger (figuren nedan). Hon gör allt rätt – kroppsposition, tyngdpunkt, skidföring, balans mm. Nybörjaren på skidor har en åkstil som innehåller mängder av felaktiga beteenden den första veckan på slalomskidor. Hans åkstil symboliseras av rutan till vänster. Under veckan provar han att härma Anjas beteende och vissa av de beteenden (grå) som han gör, upplever han som bättre och de förstärks då positivt. Alla dessa små förstärkningar ökar sannolikheten för att de "rätta" beteendena (grå) lagras i minnet. Inför nästa vecka har de mest felaktiga beteendena (vit) skalats bort genom utsläckning och hans åkstil har genom formning närmat sig Anjas och formningsprocessen fortsätter. De beteenden som inte upplevs fungera (vit) blir inte förstärkta och skalas bort genom utsläckning, så när tredje veckan börjar är han åkstil ännu närmare Anjas. Så fortsätter det vecka för vecka.

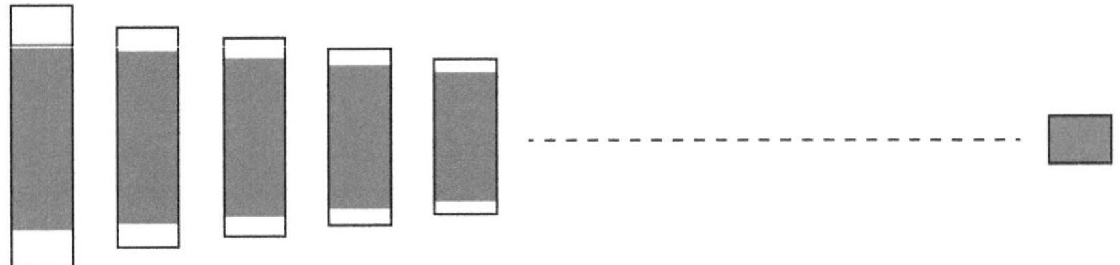

Sakta men säkert formas ett mer effektivt åkbeteende – formning av topografi (beteendets utseende/utförande).

Hittills har formning/shaping av beteendets utseende, topografi eller precision beskrivits. Formning kan också ske av frekvensen av ett beteende. Genom formning kan man få ett beteende att användas alltmera, bli mera frekvent, eller att minska i antal.

Om beteendet förstärks så snart det förekommer över huvud taget, då kommer det att bli alltmera frekvent. Det kommer att användas oftare och upprepas flera gånger. Det är detta man försöker åstadkomma exempelvis för att öka träningsmängden. Formning av frekvens eller beteendemängd är det som utvecklar styrka och kondition. Ett pålitligt sätt att shapa en träningsvillig idrottare är att i början förstärka tränandet kontinuerligt (tätt), mycket uppmärksamhet och roliga övningar i början. Därefter kan en sakta utglesning av förstärkningarna ske till att bli alltmera intermittenta. Slutligen kan idrottandet hålla hög frekvens genom de naturliga och spontana förstärkningar som självförstärkande beteenden har och som gemenskap, sammanhållning med kamrater ger. Spontan uppmärksamhet från tränare och möjlighet att få delta i tävlingar är andra förstärkningar, som håller beteendet på en hög nivå.

Tillfällighetsinlärning

Shaping, formning kan även ge upphov till nya beteenden ny topografi direkt utan den långt utdragna formningsprocessen. Detta sker då genom tillfällighetsinlärning (incidential learning). Inlärningen ligger mycket nära det som kallas inlärning genom försök-och-misslyckande, vilket egentligen borde heta inlärning genom försök-och-lyckande, då det är av de lyckade (förstärkta) försöken man lär sig hur man ska bete sig. De misslyckade blir utsläckta.

Tillfällighetsinlärning handlar om att man råkar komma på ett nytt beteende, en ny fint, ett nytt grepp eller liknande. Det ligger inte någon medveten "uppfinning" eller undersökande aktivitet bakom utan det är slumpen eller tillfälligheter, som gör att man lär sig något nytt och ska därför inte förväxlas med insiktsinlärning.

Det kan vara svårt att utan mera information avgöra om Boklövs V-stil i back-hoppning, världens första bicykletas (cykelspark) inom fotboll eller Kenta Nils-sons straff i VM 1989, senare använd av Peter Forsberg i OS i Lillehammer 1994 och därför kom att kallas "Foppadragning" tillkom genom tillfällighetsinlärning eller genom insiktsinlärning, som är den mera medvetna uppfinnande tillkom-sten av nytt beteende. Egentligen spelar detta ingen roll, när det nya beteendet väl är gjort kommer andra idrottare att imitera (modellinlärning). Så skedde när alla höjdhoppare övergav dykstilen till förmån för floppstilen.

Effektiv inlärning av nytt beteende

De enskilda inlärningsteknikerna används inte var för sig utan tillsammans som komplement till varandra. Det finns ett mönster som anses vara det mest effek-tiva för att lära sig ett nytt beteende.

Om exempelvis en judoinstruktör ska lära en grupp judoutövare ett nytt kast bör han använda inlärningssätten i följande ordning.

1. Börja med att visa det färdiga och helst godkända utförandet av beteendet, utan kommentar eller klargöranden. Så här ska det se ut när det är färdigt, kan räcka som kommentar innan visningen. Man startar således med mo-dellinlärning för att möjliggöra imitation. Man kan visa det flera gånger, så att deltagarna får en överskådlig men tydlig bild av utförandet.

2. Därefter börjar tränaren att kort beskriva de olika detaljerna i kastet, vad man ska tänka på och varför man ska göra just på detta vis. Steg nummer två är alltså instruktionsinlärning.

3. Slutligen är det dags för deltagarna att öva. Övningen kommer då att bli en formningsprocess, där mer lyckade kast blir självförstärkande (de känns bra och rätt) och där instruktörens berömmande kommentarer och in-struktioner blir förstärkningar för deltagarna, som får dessa att lägga sig till med ett alltmera fulländat kast.

Formningen varar under hela idrottskarriären och kan aldrig anses avslutad.

Inlärning av ett nytt beteende bör således läggas upp enligt följden:

1. Visa
2. Instruera
3. Öva

Det vi vill betona är att i formningsprocessen är det förstärkningen som "or-sakar" inlärningen. Utan förstärkning sker ingen inlärning. Det är den positiva förstärkningen som talar om vilka beteenden som är "rätt" att göra och som införlivas med beteenderepertoaren och leder fram till idrottsliga toppprestationer. Negativ förstärkning i en formningsprocedur leder vanligen inte till ökad precision.

Vid en avslutningsövning i innebandy är det inte effektfullt med kommentarer som: "Nu får ni skärpa er! Blir det inte bättre kvalitet i avsluten snart så bryter vi och springer istället." Detta bidrar inte till inlärningen, då det varken talar om vad som var bra gjort (positiv förstärkning) och som ska behållas eller talar om vad som var dåligt och bör undvikas (negativ förstärkning) utan endast är negativt förstärkande för tränaren och ett sätt att släppa ut sin egen frustration.

Då är det bättre att positivt förstärka (shapa) de delar som ser bra ut. Löpningen fram till boll, tillslaget vid skottet, klubbans vinkel, placering av skottet, kroppens position i förhållande till bollen eller vad det kan vara för beteenden som är rätt.

Uppmärksamma de goda och effektiva delbeteendena i idrottarens beteenderepertoar och visa att du sett dem och uppskattar dem. Avstå helst från att tala om och uppmärksamma det, som är felaktigt.

Det kan vara befogat att tala om felaktiga beteenden när de aktivt måste arbetas bort, då de inte verkar försvinna genom utsläckning i formningsprocessen.

Ibland har ett felaktigt delbeteende blivit så väletablerat att det inte tycks försvinna trots att mera korrekta beteenden förstärks genom tränarens erkännande kommentarer (feedback/positiv förstärkning). I dessa fall kan det vara nödvändigt med korrigerande information, så att idrottaren aktivt kan försöka bli kvitt felaktigheterna. Detta får inte förväxlas med bestraffning, utan bör ses som instruktionsinlärning eller konstruktiv kritik. Konstruktiv kritik gör det möjligt för idrottaren att uppleva negativ förstärkning genom att undvika upprepning av samma fel. Om detta inte fungerar tillfredsställande så kan man använda tekniken med inkompatibla beteenden.

Inkompatibla – oförenliga beteenden

Invanda felaktiga beteenden kan vara mycket motståndskraftiga mot att släckas ut för att ge plats för nya effektiva. De vill inte försvinna utan sitter så att säga i ryggmärgen. För att på ett effektivt sätt bli av med dem kan det vara lämpligt att göra dem omöjliga att använda eller utföra. Detta sker enklast genom att förstärka alternativa beteenden som inte är möjliga att utföra samtidigt som de oönskade. Man förstärker så kallade inkompatibla eller oförenliga beteenden och gör det därmed omöjligt att fortsätta göra "fel". Istället för att tala om vad som är fel, kan tränaren instruera eller visa på alternativa inkompatibla beteenden och förstärka dessa. Om de alternativa beteendena är sådana att de blockerar de oönskade, blir det omöjligt att göra fel.

Man upplever ett problem med att en spelare dribblar för mycket. En tränare kan då iscensätta en spelform under träning, där man använder sig av regeln att max två tillslag är tillåtet. Sedan är det viktigt att förstärka den spelaren när han lever upp till det nya beteendet. Max två tillslag är inkompatibelt med att dribbla.

Formning genom en baklängeskedja (backward chaining)

Vid inlärning av komplicerade beteenden måste mycket formning (shaping) användas för att uppnå precision – formning/shaping av topografi. För detta krävs vanligen mycket positiv förstärkning i början. Svårinlärda beteenden riskerar annars att bli utsläckta redan innan de är inlärda, då känslan av att behärska låter vänta på sig. Här ges två sätt att öka tätheten på förstärkningarna för att undvika utsläckning och för att underlätta inlärningen.

Man kan genom att göra beteendena enklare i början öka förstärkningarnas täthet. Några exempel; man lär sig exempelvis ryck i tyngdlyftning med extremt lätt stång, vilket gör det lättare att lyckas. Man lär sig dyka på huvudet i vatten, genom att först stå på bottnen och dyka, sedan genom att sitta på bassängkanten, därefter stå på kanten, innan man slutligen dyker från startpallen och trampolinerna. Man tränar softboll och brännboll, innan man ger sig på att spela baseball. Man lär sig att dutta med en fotboll, genom att börja med att hålla en ballong i luften. Det är lättare att lyckas – det blir tätare med positiv förstärkning.

Ett annat sätt att öka upplevelsen av att lyckas är att börja med själva avslutningen på beteendet. Avslutningen på ett beteende – att göra något färdigt – är oftast förstärkande. Att lära sig ett beteende från slutet – nära förstärkningen – kallas att lära sig beteendet som en baklängeskedja.

Istället för att börja spela golf med drivern på tee, så börjar man med korta och enkla puttar. Det är lätt att sänka bollen på green vid kort avstånd – alltså förstärkande. Sedan ökar man avståndet och svårighetsgraden efter hand och tar in andra klubbor för att lyfta in bollen på green och avslutar med den förstärkande sänkande putten varje gång. Avståndet ökas ytterligare och åter andra klubbor används. Varje gång avslutas det med en sänkande putt. Efter mycket tränande i en stigande svårighetsgrad hamnar spelaren slutligen på tee med drivern i hand. Genom att börja bakifrån så gör man det lätt i början, vilket ger tätare förstärkning. Risken för utsläckning minskar och spelglädjen infinner sig genom de täta positiva förstärkningarna – de sänkande puttarna.

Vägledd inlärning (Enhanced guided discovery)

Ett medvetet och avsiktligt sätt att använda insiktsinlärning eller problemlösningsinlärning är så kallad vägledd inlärning (enhanced guided discovery) som är en stimulering till att själv upptäcka nya beteenden.

Här handlar det vanligen inte om inlärning av enkla enskilda beteenden utan om mera komplexa beteendemönster, som kan användas för att lösa ett problem. Det kan exempelvis gälla hur en spelare i en lagidrott ska lösa en specifik situation på planen där olika möjliga lösningar finns. Tränaren ger då inte lösningen i form av beteenden utan presenterar situationen eller problemet för spelaren, som själv får lösa eller "uppfinna" ett eget bästa sätt att bete sig. Det är mycket förstärkande att själv komma på en lösning på ett problem, vilket ökar sannolikheten för att spelaren ska använda sitt självskapade beteende i framtida liknande situationer. Dessutom blir hon förstärkt att våga pröva nytt och uppleva att hon själv kan påverka och fatta beslut, vilket i sig är förstärkande.

Spelaren hjälps på traven att hitta nya sätt att lösa det problem eller den situation hon står inför genom att tränaren ställer frågor, sätter ramar i situationen, arrangerar ett spelscenario och ger stöd för att få spelaren att finna lämpliga och effektiva beteenden, samt förstärker konstruktiva förslag.

Det bärande i metoden är att försiktigt förmå och guida spelaren till att hitta det beteende som passar henne bäst, samtidigt som spelaren känner sig duktig (positiv förstärkning) och får en känsla av självbestämmande (positiv förstärkning). På sikt blir spelaren mera benägen att i kommande situationer under match "uppfinna" nya beteendemönster. Spelaren förstärks positivt att bete sig mera självständigt i förhållande till sin tränare och att fatta egna beslut. Dessutom stimuleras spelförståelsen.

Sammanställning av inlärningssätt

Inlärning av operant beteende (R)		
Inlärningssätt	**Kännetecknande drag**	**Exempel**
Insiktsinlärning, problemlösnings- inlärning, Aha- inlärning	Inlärningen av nytt beteende (R) sker genom att beteendet uppfinns genom tankearbete. Osäker process att förlita sig på för nyinlärning.	*Sannolikt har olika komplicera- de simhopp uppfunnits på detta vis, liksom avancerade hopp, piruetter och nya öppningar i schack.*
Instruktions- inlärning	Inlärningen sker genom att nå- gon talar om, beskriver med ord (i tal eller text) hur det nya bete- endet (R) ska se ut och utföras. Omständlig process om den inte kompletteras med andra inlär- ningstekniker.	*En mer erfaren person, tränare, lärare beskriver ett beteende. Denna bok är exempel på försök till instruktionsinlärning. An- vänds sällan som enda metod i idrottssammanhang utan vanli- gen tillsammans med modellin- lärning och formning.*
Modellinlärning, imitation, observa- tionsinlärning	Den som ska lära beteendet (R) tittar på någons (modellens) beteende och sedan härmar/imi- terar. Snabb och enkel inlärning. Kan ske helt omedvetet.	*Spontan härmning förkommer i många sammanhang där åskå- dare ser på idrott, i verkligheten, på TV och nätet.* *Modeller kan även vara vikariellt förstärkande, vilket förklarar mycket av idrottandets sprid- ningsförmåga.* *Självimitation är en medveten användning av modellinlärning, där modellen är idrottaren själv som ser sig själv på video.*
Formning (shaping)	Inlärning i små, små steg, ofta omärklig beteendeförändring, som kan ske helt omedvetet. Förstärkningar väljer ut vilka be- teenden som ska lagras i minnet och användas fortsättningsvis. Inlärningen sker ofta helt omed- vetet. Nödvändigt inlärningssätt för komplicerade beteenden. Avgö- rande i allt idrottsutövande.	*Övning, för finslipning av teknik, trial-and-error/ försök-och-miss- lyckande. Exempelvis finslipning av att stöta en kula, kasta ett spjut, göra ett stavhopp.* *Tillfällighetsinlärning är en slumpartad formning av nytt beteende.*

Metoder som baklängeskedja, feedforward och vägledd inlärning med flera är variationer inom de fyra grundkategorierna av inlärning.

Känslor

Vi har hittills endast talat om inlärda beteenden som står under viljekontroll och som förstärks eller utsläcks av sina konsekvenser – så kallade OPERANTA beteenden. Dessa beteenden har vi till vårt förfogande att styra vår situation och agera i vår miljö enligt våra avsikter. Vårt operanta beteende styrs från hjärnbarken. All idrott utförs med operanta beteenden och de är således inlärda och viljemässigt kontrollerbara.

För idrottsmän ställer ofta känslorna till det. Spänning och ansträngning gör att anspänning och nervositet blir en självklar del av idrottandet. Anspänningen kan vara olustig, plågsam men den kan också vara stimulerande, upplyftande. När den känns negativ kallar vi den gärna nervositet och den kan göra att prestationerna blir försämrade, stelheten i kroppen ökar och kraftlösheten kan kännas förlamande. Kort sagt, prestationsångest och stress är ett problem för många tävlingsidrottare. Ångest eller nervositet har fått publikfavoriter att prestera medelmåttigt och ibland gjort dem till förlorare. När anspänningen däremot är lustfylld, då kan den bli en tillgång och öka prestationerna. Vad är då skillnaden på negativ och positiv anspänning?

Framställningen som följer avser inte att göra läsaren till psykolog eller behandlare, utan avser att förklara mekanismerna bakom stress och ångestproblematik. Om man förstår funktionssättet med oro, stress och anspänning så kan man undvika att av oförstånd bidra till att bygga på "tävlingsnerverna". Med denna kunskap kan man säkert även hjälpa till att "bota" lindrigare former av problem med nervositet och ångest.

Stress, nervositet och ångest – automatiska beteenden i kroppen

Låt oss börja från grunden.

Det som händer i kroppen vid exempelvis kroppsansträngning, stress, nervositet och ångest är en rad RESPONDENTA eller autonoma beteenden inuti och bland kroppens organ. Det hörs på namnet "autonoma" att dessa beteenden inte kan styras med viljan. Vi kan exempelvis inte viljemässigt sänka pulsen, sluta svettas eller bli lugna. Möjligen kan vi i någon mån påverka vårt autonoma nervsystem indirekt genom exempelvis avslappning.

De RESPONDENTA beteendena skiljer sig från de OPERANTA (motoriskt och tankebeteende) genom att de inte kan styras med viljan och inte är inlärda.

– De respondenta beteendena styrs av det autonoma nervsystemet, som sköter sig självt och automatiskt. Man skulle kunna kalla det autonoma nervsystemet "kroppens vaktmästericentral."

– Det autonoma nervsystemet, som ibland även kallas limbiska systemet och i veckopressen "reptilhjärnan" har en egen del av hjärnan.

– Nervsystemet styr inre beteenden som har med kroppens inre miljö att göra och med vår överlevnad. Det reglerar kroppstemperaturen, blodflöde, blodtryck, andning, puls, svettning, matsmältning mm.

– De respondenta beteendena är inte inlärda utan medfödda och finns på plats redan innan barnet föds.

Det autonoma nervsystemet har två funktioner;

1. Se till att kroppens inre organ och funktioner regleras på rätt sätt, vilket är avgörande för överlevnaden i varje ögonblick dygnet om – så kallad parasympaticusreaktion.

2. Se till att mobilisera resurser inför hot, fara eller annan stressande situation – så kallad sympaticusreaktion – den fysiologiska delen som blir tydlig i stress, nervositet, oro och ångest. Sympaticusreaktionen är egentligen en

anspänningsreaktion och mobiliseringsreaktion, som kan aktiveras sekundsnabbt. Ju mer sympaticus desto mera är kroppen förberedd på fysisk aktivitet.

Man kan se kroppens inre förberedelse för aktivitet på en skala mellan noll sympaticus och hundra sympaticus från vänster till höger. Ju högre värde desto mer aktivitetsklar. Figuren visar att parasympaticusreaktionen ersätts av sympaticus (vakenhets- eller anspänningsreaktionen). Noll sympaticus motsvaras alltså av hundra parasympaticus (längst till vänster på skalan). Hundra sympaticus, längst till höger på skalan, motsvaras av noll parasympaticus.

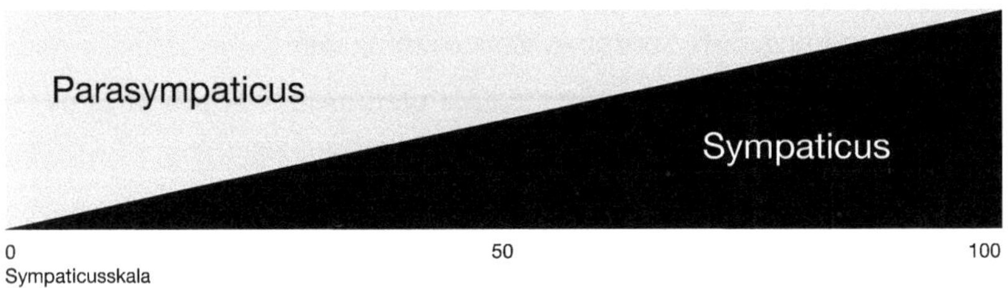

Hela våra liv regleras sympaticusnivån upp och ner med hänsyn till vad som händer omkring oss. Sympaticus är egentligen en vakenhetsreaktion (på engelska "arousal"), men när vakenheten stiger över femtio brukar vi känna av den som någon "känsla" och då är kroppen mera aktionsbenägen att göra något än vid lägre sympaticusnivåer. Hur vi ska agera vid höjd sympaticus vet vi inte förrän vi tolkat den situation vi befinner oss i. Om vår sympaticus stegrats av åsynen av ett lejon, då tolkar vi situationen som farlig – vi blir rädda och flyr. Tolkar jag situationen som att "jag håller på att missa tåget", då tolkas den som stress och jag agerar genom att skynda mig. Sympaticusreaktionen är egentligen samma sak som "stress" i en allmän och mycket vid bemärkelse, men hur jag ska handskas med situationen avgörs av hur jag tolkar situationen jag befinner mig i med den förhöjda sympaticusreaktionen. Om stark sympaticus väcks av beskedet att du blivit uttagen till VM, då blir din tolkning av situationen positiv. Du upplever inte rädsla och vill inte fly, utan då vill du skrika, ringa och berätta för tränaren, dansa och sjunga. Sympaticusreaktionen pockar på att vi ska agera på något sätt.

Vad väcker och stegrar sympaticusreaktionen?

Vid sympaticusreaktion höjs aktiviteten hos olika organ i kroppen och gör oss benägna att agera. Sympaticusreaktionen kan väckas av naturliga "triggers eller skrämmare" – med inlärningspsykologiska termer kallas dessa obetingade stimuli – OBS. Naturliga, medfödda obetingade stimuli är exempelvis plötsliga höga ljud, en aggressiv hund, en hotfull människa, ett rytande lejon, och att oväntat halka. När sympaticus väcks av ett obetingat stimulus (OBS) säger man att den är en obetingad reaktion (OBR). Som stenåldersmänniska var det viktigt att bli skrämd för faror (OBS), men människan kan också lära sig att bli rädd för nya och ofarliga saker.

Inlärning av automatiskt sympaticuspåslag – respondent betingning

Vårt autonoma nervsystem kan lära sig att reagera med sympaticusreaktion på helt ofarliga och neutrala företeelser eller stimuli. När det sker har det neutrala stimulit blivit ett betingat stimulus (BS). BS utlöser en automatisk sympaticusreaktion som då kallas betingad reaktion (BR).

I ett ofta citerat experiment beskrivs respondent betingning där lille Albert (knappt ett år gammal) lärde sig att bli förskräckt för en vit råtta.

Man tog fram råttan till Albert, som genast blev nyfiken och ville klappa den. I det ögonblicket skrämde man Albert med hjälp av ett plötsligt och högt ljud, som gav honom en sympaticusreaktion. (Plötsliga ljud har medfödd förmåga att utlösa sympaticus hos oss alla och detta är medfött – ett OBS, obetingat stimulus). Genast tog man bort råttan från honom och han kunde lugna ner sig i frånvaro av den. Det man gjorde var att rädda honom från råttan – ett "säkerhetsbeteende".

Från den stunden blev han automatiskt förskräckt så fort han fick se råttan. Inlärning av en ny "trigger" eller betingat stimulus (BS), det vill säga råttan, hade skett genom så kallad respondent betingning. Det skedde trots att råttan aldrig hade gjort honom något ont, inte ens skrämt honom. Kopplingen mellan sympaticus och råttan uppstod bara genom att Albert slapp undan råttan, då han hade hög sympaticus i kroppen och att hans sympaticusreaktion sjönk i frånvaro av den. Råttan kopplas därmed ihop med sympaticus av den "ologiska" reptilhjärnan (autonoma nervsystemet). I detta fall räckte det med ett enda inlärningstillfälle, för att råttan skulle bli ett BS för automatiskt rädsla.

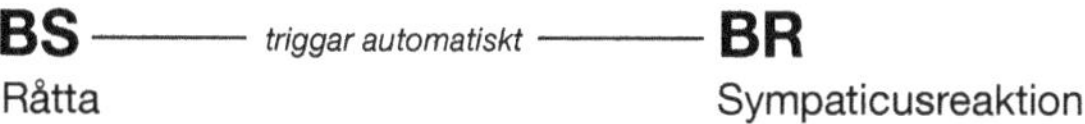

Några exempel på BS ("vita råttor" inom idrotten) kan vara tee för en golfare, en viktig straffläggning, viktig tävling och en uttagning till landslaget.

> Betingat stimulus (BS) betyder inlärd aktiverare eller "trigger" som drar igång sympaticus (BR) automatiskt efter det att inlärning (betingning) skett.

Du befinner dig i en situation och du har jagat upp dig med diverse tankar, att du har krav på dig och att detta är en chans, som absolut inte får missas. Med hjälp av din skrämmande fantasi har du "jagat upp dig" till stark sympaticusreaktion. Om du i detta läge vidtar åtgärder, som påtagligt och i situationen lindrar din sympaticus och lugnar dig, då riskerar du att den skrämmande situationen – eller bara tanken på den – blir en framtida "trigger" eller ett betingat stimulus. Avgörande för om respondent betingning ska ske, är alltså vad man gör eller inte gör för att lindra sympaticusreaktionen. För att undvika respondent betingning ska man inte göra något alls för att lindra sympaticus, utan bara låta den gå över av sig själv. Alla beteenden som utförs för att minska eller hindra sympaticus kallas säkerhetsbeteenden.

När Fredrik skulle göra debut i A-laget var han mycket nervös. Han gjorde en rad säkerhetsbeteenden för att det skulle gå bra. Han tränade extra mycket, han åt "rätt mat", tejpade sina fötter på visst sätt mm. Allt detta gjorde han för att inte misslyckas, och han lyckades till en del bemästra sin obehagliga nervositet med hjälp av beteendena.

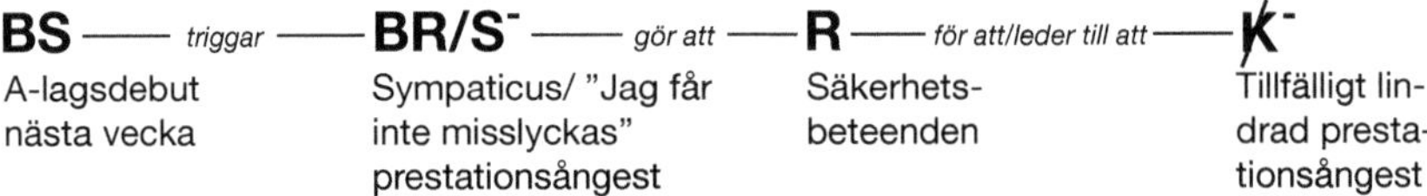

Man kan säga att han flydde från sin prestationsångest med hjälp av beteendena. Han betedde sig som om tanken på A-lagsdebuten var farlig. Det han flydde ifrån, var ju egentligen ofarliga tankar, vilket resulterade i att tankarna blev till betingade stimuli (BS). Så snart han tänkte "match nästa vecka" triggades automatiskt en sympaticusreaktion igång och snart även tankar på kommande matcher. De säkerhetsbeteenden som han använde och upplevde vara till hjälp för honom, kom istället att skapa problem på sikt. Om Fredrik fortsätter använda säkerhetsbeteenden när ångesten (sympaticus) är hög inför matcher, så kommer allt flera matcher och matchlika situationer att bli automatiska betingade stimuli (ångestutlösare, "triggers"). Hans problem kommer alltså att bli försvårade på grund av att han skyddar sig mot något ofarligt.

Fredriks autonoma nervsystem kommer att lära sig att A-lagsdebut är något farligt eftersom han blir lugnare av sina säkerhetsbeteenden – respondent betingning.

Här följer ytterligare ett exempel. Johanna tävlar på elitnivå i simning. Hon söker idrottspsykologisk hjälp för att hon har stark nervositet inför tävlingar. Detta har lett till sömnproblem, med svårigheter att somna och uppvaknanden under natten. Johanna är oerhört seriös i sin satsning och försöker kontrollera allt som kan påverka hennes simning. Om något skulle ske som "ruckar" eller stör hennes planering eller att hon presterar lite sämre ett träningspass, mår hon dåligt. Hon säger att hennes självförtroende försvinner direkt och att hon känner sig värdelös. Som en följd av detta försöker hon direkt justera, rätta till och planera om i träning, förändra kostupplägg osv. för att snabbt ta tag i saken. Hon vidtar åtgärder som syftar till att få henne att känna sig lugnare och säkrare på att det ska gå bra. Säkerhetsbeteenden som fungerar till att lugna riskerar att åstadkomma respondent betingning, så att hon får automatisk sympaticus/ångest inför kommande tävlingar.

Fredrik blir alltså räddare nästa gång han står inför en viktig match, liksom Johanna inför tävling. Den respondenta betingningen har skett på grund av allt de gör för att känna sig lugnare. Och "match" och "tävling" har för dem båda blivit BS, med automatisk förmåga att väcka sympaticus.

Flykt och undvikanden – säkerhetsbeteenden – kan vara svåra att upptäcka. Det är deras funktion och förmåga att sänka sympaticusnivån som gör dem till säkerhetsbeteenden. Några exempel på beteenden som skulle kunna fungera som säkerhetsbeteenden; är att ställa sig i passningsskugga, slå en "ballongpassning", inte ropa till sig boll, alltid gå runt på forehand, åka ner till sarghörnet istället för att gå på mål, ta en golfklubba jag känner mig säkrare med, bara träna med Lisa, fråga tränaren till råds, ta på sig vänsterskon först, rabbla ett mantra, använda målbilder, tänka positivt osv. I grunden beteenden som är helt OK att använda, men inte om de används i fel syfte. Det felaktiga syftet är att använda det för att komma undan sympaticusreaktionen.

> Respondent betingning har skett när nervsystemet lärt sig att trigga igång en sympaticusreaktion automatiskt. Om man flyr från något i grunden ofarligt med sympaticus i kroppen då blir det ofarliga ett betingat stimulus (en trigger).

Vad sker i kroppen vid sympaticusreaktion

Sympaticusreaktionen är en mobiliseringsreaktion som förbereder och aktiverar kroppen, för att den ska kunna möta faror och hot. Reaktionen ökar den kroppsliga förmågan att kämpa eller fly. Kamp eller flykt – fight or flight. Den innebär bland annat att mera energi och kraft görs tillgängligt för arm- och benmuskler. Sympaticusreaktionen innebär att kroppens inre anpassas på ett sådant sätt, att den fysiska prestationsförmågan, råstyrkan ökar. Det gäller vare sig hotet är verkligt eller inbillat. Kraftiga sympaticusreaktioner är helt ofarliga och helt naturliga.

Det som sker i kroppen vid sympaticus är att pulsen ökar, blodtrycket höjs. Blodkärlen öppnar sig i ben och armmuskler, för att man ska bli starkare och kunna agera kraftfullt, försvara sig eller fly. Men då måste blodet tas någonstans ifrån. Blodkärlen i huden dras därför samman, vilket kan göra att man ryser eller fryser och när huden kallnar får man gåshud – håret på armarna reser sig. Ansiktet bleknar. Även blodkärlen i händer och fötter drar ihop sig, vilket gör att dessa kallnar. Jämför det engelska uttrycket "He got cold feet" som betyder "han blev rädd". Blod i buk och mage förs också ut till musklerna, samtidigt som större delen av matsmältningsapparaten avstannar i aktivitet. Det kan leda till att man känner sig illamående eller som om maten står ända upp i halsen. Man kan till och med kräkas av – ångest eller nervositet – det vill säga av den starka sympaticusreaktionen. Den enda del av matsmältningen som aktiveras är tjocktarmen, vilket förklarar att man kan tvingas gå på toaletten, när man blir "nervös" eller överentusiastisk. Något som många idrottare fått uppleva före tävling.

Spänningen (tonus) i arm- och benmuskler ökar och darrningar och stelhet kan uppstå, om sympaticusreaktionen blir alltför stark. När man ska slåss eller fly för livet kommer mycket syre att behövas och därför provoceras andningen. Man börjar sucka och dra in djupa andetag. Ibland kan man uppleva att man inte får tillräckligt med luft och detta provocerar till att hyperventilera ännu mera.

Att fly eller slåss innebär hårt arbete. Då kommer musklerna att utveckla mycket värme, vilket aktiverar kroppens nedkylningssystem – svettning startar. Det egendomliga kan då ske, att samtidigt som man ryser och har gåshud, svettas man – kallsvettning. En rad hormoner aktiverar och aktiveras – utsöndring av adrenalin (stresshormon) är del i sympaticus liksom att blodsockerhalten höjs – mer energi görs tillgängligt. Sympaticusreaktionen är en stressreaktion, som höjer framför allt den fysiska prestationsförmågan.

För idrottare är sympaticusreaktion till en viss gräns ett eftersträvansvärt tillstånd, särskilt vid tävling. Man brukar tala om att vara lagom "taggad" eller "laddad" och då åsyfta att hitta rätt sympaticusnivå.

I vissa grenar är sympaticusreaktionen särskilt eftersträvansvärd, då blodet förs till de stora muskelgrupperna och adrenalin utsöndras som ökar råstyrkan. Tyngdlyftare brukar skaffa sig en kraftig sympaticusreaktion genom att sniffa på ammoniak innan de gör sina lyft. Stark sympaticusreaktion är till fördel vid verkliga kraftsporter, men kan vara till nackdel i grenar där lugn och avspänning är en fördel. Skytte, dart och golf är typiska grenar där sympaticus blir ett hinder med darrningar på grund av muskelspänning och häftig andning. Likaså är den till nackdel i grenar där tankeskärpan är avgörande, eftersom blodkärlen i frontalloben (pannan) dras samman vid sympaticus. I den delen av hjärnan finns vårt medvetande och vårt logiska tänkande. Vi blir alltså tillfälligt fördummade vid sympaticusreaktion. Schack är kanske typexemplet där alltför stark sympaticusreaktionen (nervositet) är av ondo. Många idrottare har fått uppleva att de presterat under sin förmåga vid stora tävlingar och mästerskap, på grund av alltför stark nervositet/sympaticus.

Sympaticusreaktionen kan startas av hotande situationer. Vi kan skrämma upp oss själva med hjälp av våra tankar. Tankar på sådant som är särskilt angeläget eller mycket viktigt för oss såsom tävlingar eller mästerskap, höjer vår anspänning – sympaticusreaktion. Ju viktigare tävlingar desto mera sympaticushöjande blir den. OS och världsmästerskap är den klassiska arenan, där sympaticusreaktionen bäddar för sensationer med helt oväntade vinnare. Publikfavoriten kan missa helt på grund av en förlamande nervositet (alltför hög sympaticusreaktion).

På engelska benämns sympaticusreaktionen för arousal, vilket kan översättas till "vaksamhet". Den motsatta reaktionen i autonoma nervsystemet är den så kallade parasympaticusreaktionen. De två reaktionerna tävlar om att dominera – när sympaticus ökar så minskar parasympaticus.

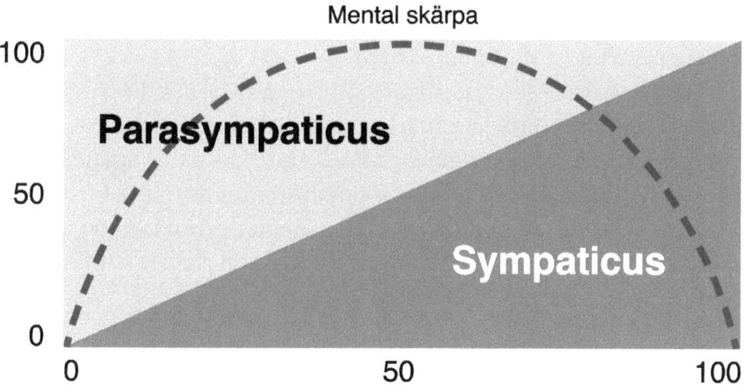

Hela livet och i varje sekund befinner vi oss någonstans på skalan mellan 0 sympaticus och 100. Noll till 50 innebär endast ökande vakenhet och mental skärpa. Vid 50 är vi som mest alerta mentalt och här är läget optimalt för exempelvis inlärning, problemlösning och logiskt tänkande. Därefter minskar den mentala skärpan och prestationsförmågan ju högre sympaticusreaktion. Hur denna förändring ter sig kan lättare förstå, om vi ser på den vid stress, som inför en betydelsefull tävling och jämför med hur stenåldersmannen påverkades vid mötet med en björn.

Det som sker i kroppen vid ökande stress – sympaticusreaktion – har evolutionen mejslat ut genom att det som har varit gynnsamt för överlevnaden har blivit automatiskt hos människan. De människor vars autonoma nervsystem fungerade på följande vis har haft större chans till överlevnad i en farlig värld. Låt oss se på hur vårt autonoma nervsystem reagerar inför något hotande eller spännande – gäller både en viktig tävling eller som i detta exempel med en hotande björn.

Stenåldersmannen ser en björn och hans sympaticusnivå höjs i fyra nivåer:

1. Han ser björnen på långt håll, får något ökad stress. Det är naturligt för honom att bli rädd, stilla och orörlig (freeze), vaksam, fokuserad och alert. Att inte bli upptäckt är det mest gynnsamma för överlevnad. Kroppen är förberedd på eventuell kraftansträngning – höjd sympaticusreaktion ifall faran skulle öka.

2. Björnen närmar sig och sympaticus ökar till rädsla – blodet strömmar till musklerna och mannen flyr (flight). Han springer så fort han kan, vilket nu är det mest gynnsamma för överlevnad. Kroppsstyrkan har ökat liksom snabbheten.

3. Björnen springer efter och närmar sig – det går inte längre att hinna undan. Sympaticus ökar ytterligare till fruktan – mobiliseringen av krafter närmar sig full sympaticus och adrenalin utsöndras alltmera. Sympaticusreaktionen gör mannen mycket stark, musklerna är spända och beredd på kamp (fight). Samtidigt har blodet minskat avsevärt i frontalloben, så att han inte inser att han förmodligen är chanslös när han går till försvarsattack med sin yxa. Kamp är det som trots allt har störst chans att rädda honom nu.

4. Stenåldersmannen är fullständigt chanslös och ger upp automatiskt. Kroppen blir kraftlös, förlamad och paralyserad (kataton immobilitet) – sympaticusreaktionen är nu nära maximal. Blodet i frontalloben är så lågt,

att blackout och svimning möjligen inträffar. Att mannen blir helt passiv och faller till marken, och därmed blir ofarlig för björnen. Den känner sig inte längre hotad och ger sig därför av. Paralyseringen ger störst chans till överlevnad för mannen.

Den idrottare med prestationsångest som inför en OS-final närmar sig nivå fyra, kommer att prestera avsevärt under sin nivå på grund av kraftlösheten, oförmåga att tänka klart.

Man kan ana att detta drabbade Ann-Louise Skoglund (häcklöpning), som favorit och tippad guldmedaljör slutade som femma i OS-finalen i Los Angeles 1984 och även golfaren Jean van de Velde som dramatiskt förlorade i British Open 1999, trots ett fantastiskt utgångsläge inför sista hålet.

Idrottare i en kraftsport kan tolka sin nivå 3-känsla/sympaticusreaktion som peppande och som styrka, inspiration som "toppar". Utpräglade kraftsporter, som brottning, och många friidrottsgrenar, som slägga, diskus och spjut, gynnas av hög sympaticusreaktion (nivå 3). En idrott som skytte gynnas istället av nivå 1 eller ner mot dominerande parasympaticusreaktion, då risken för muskelspänning med darrning ökar vid högre sympaticus och precisionen minskar vid spänning. En idrottare som tävlar i Statisk Apnea (andhållning på tid i vatten) torde också ha stora fördelar av en mycket låg sympaticusreaktion.

Bordtennis gynnas sannolikt av nivå 1 eller 2 med skärpta sinnen, hög aktionsberedskap och vaksamhet. Grenar som skidskytte och orientering kräver balans mellan reaktionerna då lägre sympaticus är gynnsam för skyttet respektive kartläsningen med vägval, medan högre sympaticus är gynnsam för skidåkningen respektive terränglöpningen.

Framgångsrika idrottare har förmågan att mentalt göra sympaticusreaktion till en tillgång i tävlingssituationen, till att känna sig taggade. Genom att tolka det som känns i kroppen som en tillgång, inte som något skrämmande och ovälkommet, och istället frimodigt ta sig an utmaningen, hindras sympaticus att öka ytterligare och balans med parasympaticusreaktionen på optimal nivå kan uppstå.

Ibland kan sympaticus vara för låg och då kan man tala om bristande engagemang eller ointresse med lägre prestationsförmåga som följd.

> För mycket sympaticus och för lite sympaticus är av ondo i idrottssammanhang. Optimal nivå bestäms av gren och av individuella egenheter.

Den intellektuella prestationsförmågan är högst vid balans mellan parasympaticus och sympaticus 50/50.

Vad är en känsla?

När något tydligt eller kraftfullt stimulus – OBS eller BS "trigger" – dyker upp i en människas liv då reagerar autonoma nervsystemet med att öka sympaticus-reaktionen.

BS ——————— *triggar* ——————— **BR/S**?

Sympaticus/tolkning - tanke?

Vilken känsla sympaticus (BR) blir avgörs av hur personen tolkar (S) den situation som han/hon befinner sig i. Om situationen tolkas som hotande eller farlig, kan känslan bli oro, ångest, rädsla eller fruktan beroende på styrkan i sympaticusreaktion. Ju starkare sympaticus desto kraftigare känsla. Om tolkningen är att situationen är irriterande eller förargande, då kan sympaticus bli irritation, ilska, vrede och om sympaticusnivån närmar sig hundra – fullständigt ursinne.

Den kan också bli entusiasm, glädje, inspiration eller lycka om situationen är att ha vunnit en tävling, satt en straff, slagit ett rekord, vunnit på tipset eller tagit guld i OS. Många guldmedaljörer gråter glädjetårar på prispallen när nationalsången ljuder – mycket kraftig sympaticus.

Reaktionen i autonoma nervsystemet är alltså bara en rad olika beteenden hos inre organ (adrenalinutsöndring, hjärta, blodkärl, mage, tarmar, svettkörtlar mm). Den blir inte en känsla förrän personen, med sympaticus i kroppen, tolkar den i sitt sammanhang. Om tolkningen är negativ – en farlig situation eller irriterande situation – då skrivs den som S⁻ ett negativt stimulus, men om tolkningen är positiv och glad skrivs den som S⁺ eller bara S. Känslan som helhet ska då skrivas som BR/S – summan av sympaticus (BR) och tolkningen (S). Man kan säga att tankarna ger sympaticusreaktionen sin känslovalör.

Hur jag tänker kring det jag känner, kan således göra mig rädd, ledsen, glad eller entusiastisk.

Tänker jag "räddtankar" inför en tävling ihop med min anspänning (sympaticus) då upplever jag nervositet och kan inte utnyttja den aktivering som sympaticus ger på ett optimalt sätt. Om jag däremot tänker tankar om entusiasm, längtan för att starta då blir känslan istället att "jag är taggad" och kan därigenom använda anspänningen till att prestera bättre.

Bengt tänker på nästa veckas tävling i friidrott och hans 100-meterslopp. Tankarna (BS) ger honom sympaticuspåslag (BR) i autonoma nervsystemet, vilket gör honom orolig och lite illamående. Han har tankar på att det inte ska gå som han vill (S⁻) och att han kommer att göra bort sig. Känslan blir nervositet.

Väl i startblocken på tävlingsdagen har han kvar sitt sympaticuspåslag (BR), men nu tänker han i helt andra banor (S$^+$). "Nu ska jag visa dem, jag känner mig laddad, kom igen" och då blir resultatet en helt annan känsla – inspiration, entusiasm, han känner sig taggad och laddad.

Veckan före tävlingen såg känslan ut på följande vis;

BR/S$^-$

Sympaticus/"jag är chanslös", "jag får inte göra bort mig eller misslyckas"

På tävlingsdagens morgon tolkar han situationen på ett annat sätt: "Det här blir kul, äntligen, nu är jag laddad, jag ska visa dem". Känsloupplevelsen blir då istället positiv, trots att det är samma inre beteenden (BR, sympaticus) som ger känslan i kroppen. Bengt längtar efter att få visa vad han kan. Tankarna behöver inte vara så positiva för att känslan ändå ska bli positiv. Det räcker med att han tänker: "Jag gör mitt bästa, misslyckas det så är det inte hela världen, det går flera tåg, huvudsaken är att jag får ge järnet."

BR/S$^+$

Sympaticus/"Nu vill jag komma igång och göra mitt bästa, jag ger järnet"

I det första fallet kommer ju känslan att göra att Bengt beter sig på ett sätt;

BR/S$^-$ —— *gör att* —— **R** ———— *för att/leder till att* ———— **K$^-$**

Nervös   Funderar, ältar, ringer tränaren för   (minska)
               lugnande återförsäkringar och tröst   oroskänslan

Beteendet visar att Bengt tvekar om sin förmåga och att klara av uppgiften och därför börjar han bete sig som om han vill komma undan känslan – han är nervös och beter sig ängsligt och fegt.

Eftersom Bengt inte känner någon press att vinna på tävlingsdagen så tolkar han känslan (BR/S$^+$) i startblocken som pockande entusiasm;

BR/S —— *gör att* —— **R** ———— *för att/leder till att* ———— **K**

Pockande   Ger järnet,   Anspänningen
entusiasm   laddar ur   släpper, skönt

Det beteende Bengt ägnar sig åt när han nu har sin sympaticus gör honom avspänd och nöjd – positiv förstärkning.

En förenklad bild av förhållandet mellan det autonoma beteendet och våra tankar/tolkningar av den situation vi befinner oss i framgår av figuren.

Se figuren endast som några exempel på möjliga känslor.

Känslornas valör

	0	50/50	100
Positiv tolkning	**1** Avslappnat lugn, förnöjsam, vila	**3** Alert, pigg, glad, entusiastisk, upprymd	**5** Eufori, lycka, "taggad"
Negativ tolkning	**2** Håglöshet, kraftlöshet, ledsnad	**4** Orolig, agiterad, irriterad, lätt olust, ilska	**6** Ångest, panik, vrede, ursinne

Sympaticusnivå

Bengts känsla har förflyttats från fält 4 veckan före tävlingen till fält 3 eller kanske 5 på tävlingsdagen, genom att han tänker/tolkar det som händer i kroppen och runt honom på ett nytt sätt.

I varje ögonblick av en människas liv reglerar det autonoma nervsystemet hur mycket stress, det vill säga sympaticusreaktion, som ska väckas. Mobiliseringen eller sympaticusreaktionen kan ske både i olustiga och lustfyllda sammanhang. Sympaticusreaktionen regleras ner, när vi vilar eller befinner oss i situationer som inte är provocerande.

Även tränare kan drabbas av sympaticuspåslag (BR). Om adepten lyckas göra något alldeles fantastiskt på en tävling (BS) så kan aktiviteten i kroppen på tränaren stegras på ett ögonblick. Tankar på hur fint det blev (S) gör tillsammans med sympaticus (BR) att tränaren känner lycka (BR/S) och vill skrika, dansa, krama om närmsta person och applådera (R).

BS —— *triggar* —— **BR/S** —— *gör att* —— **R** —— *för att/leder till att* —— **K**
Adept överträffar sig själv | Sympaticus/ glädjetankar | Skriker, kramar, applåderar | Avspänd lättnad

Det motsatta kan också ske vid ett orättvist domslut (BS), men då blir känslan istället ilska (BR/S⁻) och resulterar i skrik med protester (R).

Detta sker även hos publiken, som under hela tävlingen får sympaticuspåslag till och från. Publiken får positiva känslor (BR/S⁺) när det går bra för det egna laget, men negativa känslor såsom ilska och upprördhet (BR/S⁻) när det går dåligt och något ojust mot de "egna" sker.

Sympaticus är varken dålig eller bra. Vilken känsla den ska bli handlar om hur man tolkar och tänker i den situation som utlöst den. Publiken tittar på idrott och betalar inträde för att få sympaticuspåslag – spänning. Vi vill alla ha sympaticus, i lagom mängd för att det stimulerar, men vi vill veta vad den beror på och helst då i situationer som ger oss positiva tolkningar. Exempelvis det egna laget gör mål eller att min idol vinner.

Vi upplever sympaticus som olustig om vi inte vet vad som utlöst den. Om vi inte vet vad som triggat sympaticus och vi inte kan tolka eller förstå om vi ska bli rädda, glada, entusiastiska, då upplevs sympaticus ofta mycket obehaglig. Vid extremt hög sympaticusreaktion – panikångest – förstår man vanligen inte vad som utlöst den, vilket skrämmer till extremt höga nivåer.

Det kan tyckas att man skulle kunna göra om nervostitet till entusiasm och rädsla till att känna sig "taggad" bara genom att ändra sina tankar och omtolka situationen. Kopplingen mellan sympaticus och tanke i den specifika situationen är dock vanligen så väletablerad att det inte går. Istället ska man bete sig som om man vore entusiastisk respektive taggad, för då ändras tankarna på sikt. Move your ass and your mind will follow.

Tankar kan inte ändra betingade sympaticusreaktioner eller känslor, endast förändrat beteende.

Om man ändrar sitt beteende så kommer tankar och känslor att ändras på sikt. Den som aldrig simmar ut på djupt vatten av rädsla, kommer aldrig att tro sig om att klara det och rädslan för det kommer inte att försvinna. Detta är innebörden av uttrycket: *Move your ass and your mind will follow.*

Rädsla på grund av framgång

Citat från Emma Green; Medaljens pris – Dokument Inifrån, SVT, 2012-07-26: "Fram tills jag var 20 år, slog igenom, tog VM-brons i Helsingfors och slog personligt rekord, hade allt gått spikrakt uppåt egentligen. Istället för att jag kände att jag fick en kick så var det bara tvärtom att nu måste jag bevisa det här, att jag är så här bra, jag kände nästan att jag började gråta när jag stod där och skulle hoppa vissa träningspass. För jag kände att det här, det går inte."

Idrottare som lyckas väl under en period av sin karriär kan komma att få tankar om att publiken förväntar sig mycket av dem. De börjar bli rädda för att inte kunna motsvara förväntningarna. Förväntansångest uppstår och rädslan för att misslyckas blir stark.

Emma har höjt ribban för sina prestationer i publiken ögon. Det kan då smyga sig in tankar som "kommer jag att kunna lyckas igen?" och "tänk om det bara var tur förra gången". Det har etablerats en ny omständighet i hennes tankar, som gör det "farligare" att inte göra bra ifrån sig. Hon tävlar då under negativ förstärkning. Hon måste lyckas, för att inte göra publiken besviken.

Framgång kan leda till att man inte vågar vinna. Att vinna och ha framgång höjer ju kraven på mig i framtiden och för att inte hamna i detta håller man igen. Konsekvensen blir rädsla för framgång.

Ett talande exempel på förväntansångest från en helt annan värld än idrottsvärlden är Harry Martinsson, som fick nobelpriset i litteratur. Det påstås att han efter detta aldrig skrev något. Hans karriär tog slut – rädsla för förväntningar på grund av tidigare framgång.

Om rädslan för ett möjligt misslyckande leder till motåtgärder/säkerhetsbeteenden från idrottarens sida, så kan en "fobi" för att tävla uppkomma genom respondent betingning. Säkerhetsbeteenden, som kan åstadkomma denna inlärning är exempelvis alla sätt att gardera sig mot att bli "avslöjad inför publiken" eller att göra publiken besviken. Med säkerhetsbeteendena kan man fly från den skrämmande tanken på "att göra bort sig". Har man då samtidigt sympaticuspåslag i kroppen (är orolig), då kan betingning ske och ett fobiliknande problem uppstå. Säkerhetsbeteenden och motåtgärder i detta sammanhang kan vara många olika beteenden som exempelvis att träna mera, att inte ta några risker under själva tävlingen, att prata ner sin egen förmåga, att skriva en kom-ihåg-lapp med tekniska detaljer eller att skylla på omständigheter som formsvackor, utrustning eller skador. I lagsporter kan det vara ett säkerhetsbeteende att ge sina medspelare skulden för misslyckanden. Att skälla och bli aggressiv mot medspelarna, skylla på att man inte får spela i rätt kedja eller "femma" eller att skylla på vallningen, kan också vara säkerhetsbeteenden.

Ju flera "knep" för att tona ner de egna möjligheterna personen använder desto "räddare" blir han eller hon, för att sätta allt på ett kort och verkligen riskera att "avslöja" eller visa sin maximala kapacitet.

Det kan ju låta märkligt att ökad träningsmängd kan vara ett säkerhetsbeteende. Men föreställ dig att du siktar mot ett OS. Ett OS är vart fjärde år och du kanske dominerar tävlingarna fram till OS och alla förväntar sig bra prestationer av dig. Om du då upplever prestationsångest när du tänker på OS, får ett sympaticuspåslag och tänker att "jag får inte göra bort mig", "ett misslyckande vore katastrof", då kan det kännas naturligt att lindra sin nervositet. Det kan ske med ett extra träningspass, eller att förändra sin kostplanering, eller att fila på utrustningen. Faran med det är, att det känns ok i stunden, vilket gör att du kommer att fortsätta med beteendet (negativ förstärkning) men att din nervositet inför OS kommer att växa.

> Förberedelser, planering, träning, skötsel av utrustning är nödvändiga och funktionella beteenden, men de bör utföras av rätt anledning. Inte som ett ängsligt försök att minska sin nervositet – med andra ord; inte för negativ förstärkning där oro och säkerhet är det främsta som ska bemästras eller "hanteras".

Självförtroende

Även om resultaten är goda kan ett annat problem uppstå på grund av säkerhetsbeteenden. Man kan dra slutsatsen att det gick bra på grund av att man gjorde sina säkerhetsbeteenden innan. Man vågar inte avstå från sina säkerhetsbeteenden. Och så kommer följdtankar som "Hur länge ska de räcka till?" "Måste jag inte öka och göra mera, för jag känner mig allt annat än säker på den egna förmågan. Tänk om jag är en bluff? Jag klarar det nog inte." Tilltron till den egna förmågan minskar och självförtroendet ersätts av en känsla av värdelöshet.

Om man beter sig som om känslan och tankarna på värdelöshet är sanna och fortsätter att vidta säkerhetsbeteenden, då kommer tankarna på att man är dålig att bli betingade stimuli (BS), som ger sympaticus. Så fort man tänker på att man kanske inte är tillräckligt bra, mår man dåligt. Och så fort man känner sympaticus i kroppen inför en tävling, så väcks tanken "jag är dålig". När tankarna på den bristande förmågan och feghet i beteendet blir alltmera dominerande, kallar man ofta detta för dåligt självförtroende.

Generalisering – rädslan sprider sig

Idrottare som under längre tid använt säkerhetsbeteenden för att lindra obehag inför tävlingar och fortsättningsvis gör det, kommer att ha tävlingar som BS. Tävlingar generellt blir ett betingat stimulus för automatisk sympaticusreaktion. Fenomenet att rädslan sprider sig till allt flera liknande situationer kallas för generalisering. Den kan gå så långt att det till och med blir olustigt att träna, att ta på sig träningskläderna och även att titta på idrott på TV.

När den automatiska nervositeten och den bristande tilltron till den egna förmågan breder ut sig på grund av alltmera omfattande säkerhetsbeteenden, då kommer tankar som "jag klarar inte någonting" att bli flera och betingade stimuli. Osäkerheten kommer då att öka ytterligare. Självtilliten minskar liksom självförtroendet.

Här följer några exempel på generalisering. En konståkare tränar på ett hopp, en Lutz. Varje gång hon provar hoppet ramlar hon och slår sig. Hon blir rädd och upplever smärta och obehag. Om hon nu använder säkerhetsbeteenden och går av isen omedelbart, kommer det tidigare neutrala stimulit, att träna på hoppet Lutz att kunna bli ett betingat stimulus för sympaticus. Nästa gång hon ska träna Lutz så kommer obehagskänslan (sympaticus) automatiskt. Fortsätter hon använda säkerhetsbeteenden, kan efter en tid att bara vistas i ishallen eller att tänka "Lutz" ge henne obehag, eftersom respondent betingning har skett. Om hon undviker att träna Lutz kommer sannolikt även andra liknande hopp att väcka sympaticus eller olust. Den automatiska rädslan breder ut sig.

Utskrivet med vår formel;

$$\textbf{BS} \xrightarrow{\textit{triggar}} \textbf{BR/S}^- \xrightarrow{\textit{gör att}} \textbf{R} \xrightarrow{\textit{för att/leder till att}} \textbf{K}^-$$

BS	BR/S⁻	R	K⁻
Ska göra en Lutz	Sympaticus/ "Det går inte"	Avstår Lutz	Minskad sympaticus

Antalet hopp som blir BS ökar ju flera hopp hon undviker.

En kvinnlig ryttare tävlar i hoppning. Att hoppa över hinder har hittills bara känts spännande och kul. Under en tävling fastnar hästen på hindret och ryttaren kastas av och skadar sig. Händelsen ger smärta och rädsla (sympaticus) och hon tvingas bryta tävlingen (att avbryta fungerar som en ofrivillig flykt). Därefter kan hopp ha blivit ett betingat stimulus som triggar rädsla och hon upplever obehag bara av att tänka på att hon snart ska hoppa igen. Hon undviker hopptävlingar över huvud taget och generalisering sker. Det är välkänt bland ryttare att om man blir avkastad så bör man omedelbart gå upp i sadeln, för att inte drabbas av ridfobi.

Golfspelaren på tee vidtar det ena säkerhetsbeteendet efter det andra. Han väljer klubba och ändrar sig, han funderar (ältar) hur han ska stå, slå och hur hårt, han måttar länge med starkt sympaticuspåslag i kroppen. Han lämnar inte något åt slumpen och är långt från att "chansa" och ta det som det kommer. Risken för respondent betingning föreligger, på grund av alla säkerhetsåtgärder. Tee och utslag blir BS, kanske även att bara hålla i drivern. Fortsätter han att använda säkerhetsbeteenden i golfen, så kan nya BS uppstå i flera liknande situationer.

En fotbollsspelare får, när han spelar längs en viss läktare på hemmaplan, höra glåpord från publiken. Han får en obehaglig känsla i kroppen och en mängd negativa tankar kommer. Han väljer därför att inte göra sig spelbar (säkerhetsbeteende) när han är nära den läktaren, för att undvika att eventuella misstag ska synas. Läktaren med den buande publiken kan genom respondent betingning bli ett betingat stimulus (BS), som automatiskt ger spelaren sympaticus. Problemet kvarstår till kommande matcher och kan inte lindras exempelvis av tanken på att samma personer inte finns på läktaren varje gång. Det autonoma nervsystemet (reptilhjärnan) är ologiskt och kan inte "talas till rätta". Logiska argument biter inte på den betingade rädslan. Rädslan förvärras genom respondent betingning och generaliseras till allt flera situationer, om han inte vågar trotsa rädslan och spela utan säkerhetsbeteenden.

Det förekommer att idrottare "flyr" genom att exempelvis be att få bli utbytta i matchen, fejka en skada under höjdhoppstävlingen, lämna walk over eller avsiktligt åka ur i slalomåket. Säkerhetsbeteenden, oavsett om de är befogade eller inte, kan skapa betingade stimuli (BS) under förutsättning att de används då sympaticus (olust) är särskilt aktiv.

> Nervositet, rädsla eller sympaticusreaktionen är i sig själv ofarlig. Att fly eller undvika ofarliga situationer då sympaticus är aktiverat, kan ge respondent betingning. Undvik därför inte det som är ofarligt.

Påtvingat undvikande eller flykt

Det är betydelselöst vem eller vad som är orsaken till flykten, undvikandet eller säkerhetsbeteendena. Respondent betingning kan ske även om en utomstående part är orsaken till att man kommer i "säkerhet". Albert hade inget att göra med att råttan försvann, trots det blev den ett betingat stimulus för honom.

En speedwayförare blir efter en svår vurpa, för säkerhets skull, tagen till sjukhus för kontroll. Detta sker trots att han inte har några synliga skador och mycket väl skulle kunna och dessutom vill köra nästa heat. Han har dock blivit ordentligt uppskrämd. Nästa tävling känner föraren rädsla att starta och väl på banan håller han tillbaka, tar inga risker och agerar mera försiktigt och defensivt.

Vårt nervsystem skiljer inte på om vi undviker självmant eller om vi tvingas att undvika – inlärningen sker på samma vis, eftersom autonoma nervsystemet eller reptilhjärnan saknar logisk förmåga.

Simhopperskan blir tagen ur tävlingen efter en otäck träff mot vattenytan. En misstänkt skada gör att hon tvingas bryta. Det som händer är att hon tvingas fly från bassäng och hopptorn med sympaticus i kroppen – risk för respondent betingning.

Om en idrottare har ångest inför en prestation, men "räddas" av att bli sjuk så att han inte kan delta, kan detta fungera som ett oavsiktligt säkerhetsbeteende. Coacher och tränare kan också med sina instruktioner "tvinga" spelare till att bete sig på ett sätt, som kan komma att fungera som säkerhetsbeteenden. En instruktion som: "Slarva inte iväg skott mot målet, om du inte har jätteläge – passa istället." Instruktionen i sig innebär att spelaren inte ska ta risken att slarva bort en målchans. Uppmaningen gäller att undvika att chansa och istället spela säkert. Om spelaren är nervös och har hög sympaticus och känner obehag då han hamnar i de kritiska situationerna och passar istället för att chansa kan sådana situationer bli (BS) för sympaticus. Man blir inte modigare av att bete sig fegt! Det spelar mindre roll om man blivit uppmanad att bete sig just så "fegt". Avgörande är hur man agerar, när man har sympaticuspåslag.

Utveckling av en fobi eller ett ångestsyndrom

Ibland kan säkerhetsbeteendena – om de är omfattande och upprepas flera gånger i samma situation – leda till att personen inte alls vågar göra sådant hon gjort tidigare. Den respondenta betingningen kan då bli mera omfattande och säkerhetsbeteendena bli begränsande. En person som har fått en fobi vågar vanligen inte avstå från sina säkerhetsbeteenden och hindras då att leva sitt liv på det sätt hon vill.

Under årens lopp har det funnits exempel på idrottare både i Sverige och utomlands, som till varje pris har vägrat flyga, vilket har begränsat dem i deras idrottskarriär. Det finns exempel där idrottare avslutat sin karriär på grund av fobisk rädsla. Dennis Bergkamp, en av Hollands bästa fotbollsspelare genom tiderna, var extremt rädd för att flyga. När han spelade i Arsenal valde han alltid att åka tåg eller bil till viktiga cupmatcher i Europa. Genom att nogsamt undvika att flyga förvärrades hans fobi och blev alltmera väletablerad. Enligt rykten var hans flygrädsla en av de avgörande anledningarna till att han slutade med fotboll år 2000. Nästa stora mästerskap (VM) skulle avgöras i Japan och Sydkorea.

Faran med positivt tänkande

Det framhålls ofta att ett positivt tänkande är av största betydelse för att idrottsprestationerna ska bli optimala.

Positivt tänkande är av avgörande betydelse för att öka idrottarens allmänna inställning till sina möjligheter. Man kan säga att det optimistiska förhållningssättet är en grundförutsättning för utövandet. Utan detta blev det mera ett vardagsmotionerande för att hålla kroppen i trim än med inriktning på goda resultat och möjlighet till en idrottskarriär. Så långt är allt gott och väl.

Ibland förordas att man ska använda ett positivt tänkande som ett medel inför tävlingar och som ett verktyg att bemästra sin tävlingsnervositet och låsning på grund av oro. Det positiva tänkandet kan, om det är effektivt till att dämpa nervositeten, fungera som ett säkerhetsbeteende och på sikt försvåra och ge mera nervositet. Respondent betingning är förklaringen.

Positivt tänkande är gynnsamt om det resulterar i "ofegt" beteende och inte i tröstande och lugnande tankar.

Tröstetankar och ältande

Tankar kan fungera lugnande och dämpa ångest och nervositet. Det är inte ovanligt att andra personer också kan bidra med ångestsänkande tankar, som då kalllas återförsäkringar. Självproducerade återförsäkringar är när man exempelvis försöker lugna sig genom att resonera logiskt och övertyga sig själv, upprepa ett mantra eller distrahera sig i tankarna. Lyckas detta och tankarna skänker ett tillfälligt lugn eller tröst, då fungerar de som säkerhetsbeteenden.

Ältande i det egna huvudet eller mellan två personer kan ses som en tennismatch mellan skrämmande sidan (olusttankar) och lugnande och tröstande sidan (tröstetankar). Den skrämmande sidan – den egna hjärnan slår iväg bollen – den oroande tanken – och tröstande sidan returnerar bollen med motargument, lugnade förklaringar och logiska slutledningar. Den skrämmande sidan hittar då luckor i trösten och strax kommer en ny lite annorlunda skrämmande tanke. Bollen går fram och tillbaka från skrämmande sidan till tröstande sidan. Detta är ältande. I tennismatchen är det olustsidan som hela tiden servar och attackerar. Om tröstesidan besvarar genom att returnera bollen, då kan bollandet fortsätta hur länge som helst.

Tröstetankarna – returbollarna – är säkerhetsbeteenden som motverkar och högst tillfälligt lindrar olusten (man flyr från de jobbiga tankarna med hjälp av sina tröstetankar) och därmed kan olusttankarna bli betingade stimuli (BS) genom respondent betingning. Olusttankarna får då förmågan att själva väcka och öka på sympaticusreaktionen, som gör att man mår dåligt.

Pernilla ska för första gången tävla i ett svenskt mästerskap. Hennes gren är 100 meter häck. Hon tänker mycket på hur det kommer att bli och funderar på sina medtävlare och hoppas på att det ska bli hennes genombrott på nationell nivå. I slutändan hoppas hon att det ska ge en biljett till OS om tre år. Allt detta resonerande höjer hennes sympaticusnivå.

Tankar som väcker obehag och olust kommer till och från upp i hennes medvetande. "Missar jag starten är det kört", genast kommer tröstetanken: "Men starten är ju en av mina starkaste sidor", som ger henne lite tillfälligt lugn. Genast kommer en ny olustanke: "Det behövs ju bara att jag missar i starten som jag gjorde i DM för två år sedan. Då blev jag bara trea trots att jag sedan sprang fortast av alla." Retur av bollen ännu en gång: "Jag är mera rutinerad idag och missar inte starten." Åter lite lugn genom denna tröstetanke, men omedelbart kommer en ny olusttanke: "Nu är jag i en helt annan konkurrens, så här finns inga marginaler." "Jag måste skaffa andra skor, mina är inte tillräckligt bra", vilket är nästa tröstetanke.

Pernillas tankar far fram och tillbaka – olusttanke och tröstetanke – och "tennismatchen" vill inte ta slut, för hennes hjärna är finurlig och hittar både flera skrämmande scenarier och flera tröstetankar i form av logiska motargument, lösningar och åtgärder. Ju längre hennes ältande pågår desto mera sympaticus får olusttankarna igång. Respondent betingning har gjort den ena olusttanken efter den andra till betingade stimuli som triggar igång en allt kraftigare sympaticusreaktion.

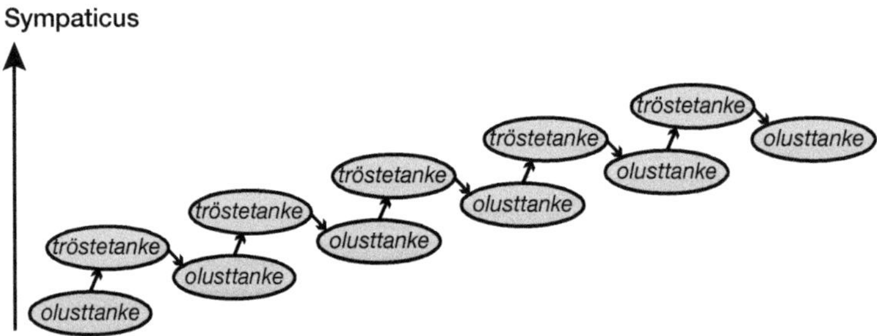

Positivt tänkande behöver inte vara tröstetänkande, men när det används för att lugna och dämpa ångest (sympaticus) och lyckas med detta, då är det av ondo. Tröstetankar och säkerhetsbeteenden håller liv i och förvärrar ångesten (sympaticus), de skapar automatiska ångestutlösande tankar som blir betingade stimuli och dessa kan göra hela idrottandet till en plåga och en negativt förstärkt aktivitet.

Tröstetankar från andra personer, återförsäkringar, kan också vara förrädiska. Återförsäkringar från tränare, kamrater, föräldrar kan, om de sänker sympaticusnivån hos den nervöse idrottaren, åstadkomma respondent betingning och generalisering samt i förlängningen göra honom eller henne oförmögen att fungera optimalt på grund av tävlingsångest. Vid vardagligt tränande och idrottande är det naturligt att trösta och uppmuntra, men när den starka känslan blir det som styr tröstandet då kan det bli fel.

> Det kan vara förödande att försöka dämpa sin oro för sådant som faktiskt inte är farligt. Tävlingar och mästerskap är inte livshotande och bör därför tillåtas att höja sympaticusnivån, utan tröstetankar, återförsäkringar från andra eller säkerhetsbeteenden. Försök att se sympaticus (nervositeten) som en tillgång och acceptera att den finns där.

Mera om ältande i fallet med den ältande friidrottaren. Se även boken *"Sluta älta och grubbla – lättare gjort med KBT"*.

Att handskas med och bota betingad nervositet och ångest

Inom beteendeterapin (KBT) används metoden *exponering med responsprevention* vid alla ångestsyndrom. Vare sig det handlar om panikångestsyndrom, specifika fobier, social fobi, tvångssyndrom, scenskräck, prestationsångest eller tävlingsskräck.

Metoden syftar till att göra betingade stimuli (BS) till mera neutrala stimuli igen. Meningen är att dessa triggers inte längre ska väcka automatisk sympaticus – olust, nervositet eller ångest.

Tillvägagångssättet är att exponera sig för sina betingade stimuli, låta sympaticus komma och självdö i närvaro av BS så många gånger att deras triggerförmåga sakta men säkert avtrubbas. Metoden syftar till att göra det motsatta till det som skedde vid den respondenta betingningen. Det som då sker är motbetingning.

Att avstå från säkerhetsbeteenden kallas "responsprevention". Exponeringarna syftar till att man möter och låter sig exponeras för sina BS. Albert, som fick råttfobi, måste möta sin vita råtta gång på gång och inte tillåtas fly eller bli räddad, för att hans nervsystem ska lära sig att den inte är ångestväckande. Hissfobikern måste åka hiss. Anorektikern måste äta trots att det ger ångest och den sociala fobikern måste umgås med människor, även om det triggar hans ångest. Den som har prestationsångest inför tävling måste riskera att misslyckas om och om igen. Genom att förhålla sig nonchalant till resultatet, kan responspreventionen lättare fullföljas och säkerhetsbeteendena undvikas.

I svåra fall bör behandlingen naturligtvis genomföras av en utbildad beteendeterapeut, för att det ska gå rätt till. Vid lindriga fall av scenskräck och tävlingsångest kan tränare och idrottare själva genomföra exponeringarna. Genom kunskap kan man som lekman agera så att den betingade nervositeten i varje fall inte förvärras.

För att processen ska gå fortare och bli mindre jobbig, är det viktigt att exponeringarna sker tätt samt vid många olika tillfällen och situationer. Det möjliggör snabbare inlärning och effektivare generalisering av behandlingsresultatet.

Tre saker bör man vara noga med vid motbetingning av inlärd ångest:

1. Exponera för det ångestväckande (BS) och vänta ut ångesten. För att motbetingning ska kunna ske, får man inte avbryta exponeringen så tidigt att det fungerar som en flykt (vilket är ett säkerhetsbeteende). Sympaticusreaktionen bör sjunka i närvaro av det BS man exponerar sig för, för att man ska vara säker på att motbetingning ska ske.

2. Exponeringarna bör ske vid upprepade tillfällen och inte alltför långt mellan gångerna. Flera och täta exponeringar är bättre.

3. Om problemet är generaliserat till många olika platser och situationer, då är det viktigt att exponera på så många ställen som möjligt. Behandlingsresultatet måste få hjälp att generaliseras. Ta alla chanser att utmana ångesten varhelst den triggas igång.

Idrottaren med tävlingsskräck måste tävla utan att använda några som helst knep eller tröstetankar (lugnande självprat) för att lindra sin skräck, vare sig före eller under tävlingen. Personen med prestationsångest måste tillåta sig att chansa och riskera att prestera mindre bra för att exponera sig för sitt BS. En nedtrappad ambitionsnivå och mindre fokus på resultat och mera fokus på att utmana rädslan, kan vara en hjälpsam etablerande omständighet, som gör det mindre bestraffande om prestationen försämras.

Tävlingsrädsla/prestationsångest

Ett speciellt problem med behandling av tävlingsskräck är att tävlingarna kan förekomma alltför sällan, för att behandlingen ska bli effektiv. Punkterna 2 och 3 kan därför vara svåra att följa vid just prestationsångest, även om det alltid är att föredra. Om tiden mellan exponeringarna (tävlingarna) är för lång kommer en spontan återhämtning av den betingade eller inlärda ångesten (BR) att kunna ske mellan gångerna. Det innebär att betingningen återhämtar sig spontant och "kryper tillbaka" till utgångsläget. Efter en lyckad behandling av exempelvis en tandvårdsskräck, måste patienten besöka tandläkaren tätt i början och sedan alltmera glest, för att förhindra spontan återhämtning.

För att undvika spontan återhämtning kan man komplettera exponering i verkliga livet med exponering i tankarna, så kallad beteenderepetition (behavior rehearsal). Genom att i tanken försätta sig i tävlingssituationer under korta stunder många gånger per dag, kan man få en större täthet på exponeringarna. Det kan ske upp till 20 gånger per dag och några minuter varje gång. Detta får inte förväxlas med målbildstankar eller visualisering, som vanligtvis handlar om att se sig själv framgångsrikt hantera en situation. Detta kan bli tröstande, fungera som säkerhetsbeteenden och därmed förvärra rädslan genom respondent betingning.

Vid beteenderepetition försätter man sig med hjälp av sin fantasi i den betingade situationen. Så livligt som möjligt försöker man för sitt inre öga se sig själv på tävlingsbanan, se publiken, tänka sig i startblocken osv. Det är bra om sympaticus då väcks och obehag känns. Det är ett tecken på att man lyckas göra en verksam exponering. Man ska sedan låta den obehagliga känslan finnas där och inte fundera över om man ska vinna eller göra bra ifrån sig, utan bara se sig själv vara i situationen och genomföra tävlingen och inte fundera över hur det går eller gick. Varken värdera situationen eller bry sig om de känslor som kommer eller hur man presterar. Man bör överhuvudtaget ha en nonchalant attityd till sin prestation, bara låta sympaticusnivån vara som den är och bara vara närvarande i situationen. "Det blir som det blir" är rätt inställning. Syftet är att exponera i tanken för att motbetinga och därmed sänka den upptriggade stressen eller nervositeten.

Beteenderepetition gör motbetingning eller habituering möjlig, det vill säga tillvänjning av den triggande situationen (BS). Motbetingning sker om man inte tillgriper tankeflykt eller tröstetankar. Parallellt med beteenderepetitionen måste man även avstå från alla synliga säkerhetsbeteenden såsom extraträning, omplanering, nya träningsredskap eller nya träningsupplägg i sympaticussänkande syfte.

Beteenderepetition kan med fördel kombineras med praktisk exponering med responsprevention. Ta därför alla chanser att utsätta dig för det som skrämmer. Om tanken på att göra självmål eller att ramla i ett gyllene läge har blivit ett betingat stimulus, då kan beteenderepetition vara ett bra sätt att använda. Man kan, men måste inte, föreställa sig att man ramlar om och om igen tills tanken inte längre skrämmer – habituering. Det viktiga är att föreställa sig att man befinner sig i de skrämmande situationerna (BS). Man bör samtidigt söka de fruktade positionerna i verkligheten på planen och där avsiktligt utsätta sig för risken att göra självmål eller att ramla i ett guldläge, för att motbetingning ska kunna ske.

> **Man kan inte vänja sig vid något om man hela tiden undviker det.**

Första gången man exponerar sig för något BS (se figuren nedan) och väljer att avstå från sina säkerhetsbeteenden, väcker detta vanligtvis mycket sympaticus. Det känns obehagligt och lockande att ta till beteenden, som gör att det känns lugnare. Om man då stålsätter sig och framhärdar kommer sympaticus att sjunka. När sympaticus sjunkit något, kan man avbryta exponeringen.

Bilden visar vad som sker med sympaticus vid upprepad exponering med responsprevention (ingen flykt eller undvikande).

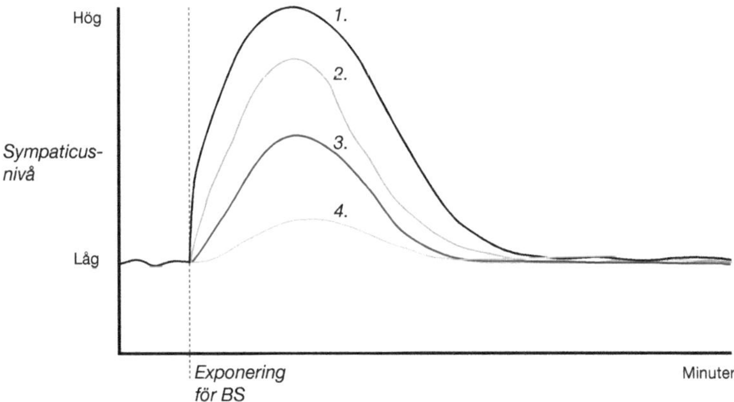

Ofta räcker det inte med fyra exponeringar för habituering som på bilden. Bilden visar endast schematiskt hur påslaget av sympaticus på sikt förändras vid upprepad exponering.

Ju flera gånger man går in i samma exponering, väcker den vanligtvis mindre sympaticus och så upprepas detta med allt lägre sympaticus. Motbetingningen gör exponeringarna lättare och lättare. Så går man vidare och tar sig an ett värre betingat stimulus och därmed en svårare exponering på samma sätt. Ofta upprättar man en exponeringshierarki där man går mot allt svårare exponeringar.

Genom att gå från lätta exponeringar till allt svårare, riskerar man inte att avbryta exponeringen på grund av rädsla eller obehag, då motbetingningen gör det allt lättare att stå ut. Sålunda kan man vid prestationsångest börja med att utmana kamrater på träning, sedan göra det lite mera officiellt fastän fortfarande på träning, sedan klubbmästerskap och så vidare till allt allvarligare sammanhang.

För att hjälpa exponerandet på traven kan det vara lämpligt att fundera ut vilka beteenden som ska göras, trots att obehagliga känslor uppstår. Efter mångårig erfarenhet från lagidrott så vet vi att lag ibland kan hamna i perioder, där flera spelare samtidigt tar till säkerhetsbeteenden för att lindra oro, ångest eller obehag. Om laget har presterat dåligt en period, finns risk att man inte vill fortsätta misslyckas och då blir laget passivt. Exempel på säkerhetsbeteenden kan vara att; passa överdrivet enkelt, gömma sig för passning, undvika att utmana osv. Säkerhetsbeteendena lindrar oron något, vilket innebär negativ förstärkning som leder till fortsatt överdrivet enkelt spel och att gömma sig för passning. Beroende på respondent betingning blir oron och rädslan för att misslyckas bara värre och värre för varje gång laget hamnar i liknande situationer och använder sina säkerhetsbeteenden.

Som vi tidigare sett är finessen att kunna stå ut med det obehagliga och ändå "bete sig rätt". Därför kan det vara lämpligt att tillsammans enas om önskvärda beteenden som ska göras trots eventuella obehagliga känslor. Laget exponerar sig samtidigt för sin osäkerhet och släpper säkerhetsbeteendena.

När en rehabiliterad idrottare återkommer till sin idrott föreligger en risk att hon använder säkerhetsbeteenden på grund av oron för att åter bli skadad. Hon håller igen, kör defensivt, tar inga risker och ger sig hellre än att riskera något. Det blir därför viktigt att lista upp beteenden som undviks och beteenden som används för att minska rädsla och har ångestreducerande funktion. Det är viktigt att förmå idrottaren att förändra dessa beteenden och samtidigt fokusera på uppgiften – till hundra procent. Att fokusera och att koncentrera sig på att minska sina säkerhetsbeteenden, gör det omöjligt – är inkompatibelt med – att samtidigt tänka på faror och risker.

Ett särskilt problem är rädsla i sporter såsom motorsporter, störtlopp och ridsport, vilka faktiskt kan vara farliga. Betingad rädsla som kan utvecklas efter krascher med uppehåll på grund av sjukvård, rehabilitering, ställer tränare inför ett dilemma. Ska man bota – motbetinga – rädsla som är befogad och som faktiskt kan vara livsräddande? I dessa fall bör idrottaren själv bestämma och av egen kraft ta initiativ till att komma tillbaka i sin gren. Om idrottaren vill det, så är exponering med responsprevention det enda sättet. Sannolikt är det klokt att inte hetsa på, utan börja mycket försiktigt att träna utan att tävlingsmomentet är närvarande. Bara sitta och köra på motorcykeln ensam på banan mycket, länge och ofta, åka i störtloppsbacken ensam utan krav på prestation – fortare och fortare – tills lusten att tävla återkommer. Detta kan fungera som en naturlig exponeringshierarki. När det åter blir självförstärkande och känns kul, kan man fortsätta med tävlingar på "lek" innan det är dags för allvaret.

Överträningssyndrom

Oro och ångest för att inte platsa eller inte bli uttagen, inte vinna, inte motsvara förväntningar och rädsla för favoritskap eller att göra bort sig eller att misslyckas kan göra tränandet till ett "tvångsbeteende". Att träna mycket behöver dock inte vara skadligt eller ens angeläget att minska. Det avgörande utifrån KBT-perspektiv är om träningen drivs av negativ förstärkning. Även träning kan fungera som ett säkerhetsbeteende. Funktionen hos tränandet är då att hålla oro och ångest borta eller åtminstone minska den.

Ett av kriterierna för tvångssyndrom är att tvångsbeteendena ska utföras minst en timme sammanlagt per dag. Eftersom tränande på elitnivå ofta bedrivs mer än en timme normalt, kan inte detta kriterium användas för tvångsmässigt tränande. Ett annat sätt att konstatera om tränandet är tvångsmässigt är att undersöka om det väcker stark sympaticus(ångest) att hindras eller avstå från tränandet. Om så sker kan man tala om tvångsmässigt tränande. En näraliggande variant av övertränare är den anorektiska långdistanslöparen, som tränar för att minska ångest och avstår från att äta av rädsla för att bli för tjock, inte för att bli bättre och absolut inte för att det är kul att träna. Drivkraften är negativ förstärkning – träningen är till för att hålla ångesten stången.

Som utomstående betraktare eller tränare kan det tvångsmässiga tränandet till en början se bra ut. Träning är ju "alltid bra" och något som ses som positivt. När tränandet blivit tvångsmässigt – drivs av stark ångest – är det direkt skadligt även om det kanske ger goda resultat till en början. Tränare på elitnivå bör vara vaksamma på sitt eget beteende, så de inte förstärker ett redan tvångsmässigt tränande med uppmuntran. Uppmaningen "no pain no gain" är inte alltid lämplig. Här ska idrottaren förmås att istället avstå från sitt säkerhetsbeteende – tvångstränandet.

Behandlingsmetoden som även här är exponering med responsprevention, bör i dessa allvarliga fall överlåtas på behörig beteendeterapeut med KBT-utbildning. Den vaksamme och observante tränaren kan genom att förorda minskad träning, tvinga till träningsfria dagar och uppmuntra till andra fritidsintressen motverka att tvångsmässigheten stegras.

Om tvångsmässigt tränande inte behandlas leder det slutligen ofta till kapitulation inför träningsbördan och resulterar då i ett totalt undvikande. Idrottskarriären överges då den blir övermäktig och plågsam.

Tvångssyndrom behandlas alltid genom att personen avstår helt från sina tvångsbeteenden och tar den oro och ångest detta ger upphov till. Exponering med responsprevention används för att motbetinga och därmed göra träningsfriheten till ett neutralt stimulus, som inte längre triggar sympaticusreaktionen.

Senare kan övertränaren eventuellt mycket försiktigt återta träning och eventuellt andra säkerhetsbeteenden som hon avstått ifrån. Viktigt är att aldrig låta sympaticus (ångest) bli den tvingande drivkraften igen, utan endast träna för att det är roligt och positivt förstärkande – självförstärkande. Så fort tvångskänslan att träna åter uppstår är det viktigt att genast avstå från all träning.

Där stark sympaticusreaktionen är med som drivkraft till beteendet såsom vid fobier, panikångest, anorexi, scenskräck och tävlingsångest, bör alltid terapeut med KBT-utbildning anlitas, men i vardagsfallen kan en påläst tränare bidra med upplägg av behandling.

Ilska och ilskekontroll

En del personer har svårt att ta motgångar och besvikelser och det leder till ilskeutbrott med verbala utfall och ibland ojusta beteenden. De kan inte behärska sitt beteende, utan "spelar ut sitt register" till irritation och förtret för övriga. Inom beteendeterapin finns en metod utarbetad för att komma tillrätta med detta problem. Metoden som är tillämpad beteendeanalys kallas ART (Aggression Replacement Training – träning till att ersätta de aggressiva beteendena). Metoden är ursprungligen framtagen för arbete med unga kriminella och våldsamma personer, men kan tillämpas i vilket sammanhang som helst.

I Aggression Replacement Training arbetar man med såväl det motoriska, det kognitiva som det autonoma beteendet. De motoriska beteenden som inom idrottsvärlden kan utgöra problem är skällsord, svordomar, förolämpningar och handgripligheter som sparkar, slag, ojusta tacklingar, kasta föremål, skallningar osv. De kognitiva beteenden som kan utgöra ett problem är oförmåga att inse hur andra människor drabbas av de egna aggressiva beteendena. Brist på empatiskt tänkande, det vill säga oförmåga att sätta sig in i andra människors situation. Slutligen kan det finnas en oförmåga att hejda de motoriska beteendena, när sympaticus blir för stark – de aggressiva impulserna kommer. Det saknas impulskontroll.

I ART tar man sig an alla tre problemen – motoriska, kognitiva och autonoma – om problem finns inom alla tre områdena. Eftersom man inte kan styra eller påverka de autonoma beteendena – sympaticus – direkt, måste man lära sig känna igen sina risksituationer och i dessa lära sig känna igen de första sympaticustecknen hos sig själv, så att man kan välja andra mindre skadliga motoriska beteenden. Detta kallas impulskontrollträning. När man märker att impulsen (sympaticus) kommer, välja nya och acceptabla beteenden, som är inkompatibla med de olämpliga och skadliga motoriska. Istället för att gapa, skrika och skälla eller skada, kan man knyta näven i byxfickan, bita ihop käkarna, vända sig bort från det som triggat ilskan (BS) eller annat beteende inkompatibelt med öppen aggressivitet. Aggressiva beteenden sänker sympaticus och fungerar därför som säkerhetsbeteenden och ger respondent betingning. Det gör att kommande liknande situationer kommer att bli än mera ilsketriggande BS, om man ger utlopp för sympaticus.

Aggressiva beteenden är negativt förstärkta av den lättnad som det ger att ge utlopp för ilskan. Det är därför viktigt att avstå från sina aggressiva beteenden. Vad man väljer för alternativa beteenden avgörs helst av personen själv. De flesta människor har redan tidigare använda alternativa beteenden till hands, som de har använt där utlevd aggressivitet har varit fullständigt otänkbar eller direkt farlig. Dessa beteenden kan med fördel användas, eftersom de redan finns i beteenderepertoaren.

Om personen saknar förmåga att tänka sig in i och känna med personer som drabbas av det egna aggressiva beteendet, kan träning i empatiskt tänkande vara nödvändigt. Syftet med en sådan träning är att utveckla förmågan att sätta sig in i den andres situation och föreställa sig hur den personen känner och upplever. Detta kan tränas genom att i grupp diskutera etiska dilemman, där man tvingas att ta ställning för det ena eller andra. Det kan exempelvis handla om vem av två skadade eller sjuka som ska prioriteras angående vård eller om hur man själv skulle känna och göra om man blev retad, trakasserad eller mobbad. Övningarna syftar till att göra det mera naturligt att tänka i dessa banor. Det klargör också för deltagarna att man kan välja beteenden när man blir ursinnig, för att minska risken att göra andra ledsna, sårade eller kränkta. Denna typ av insats används framför allt med kriminella ungdomar, men i vissa lägen kan liknande övningar behövas även för att öva upp den empatiska känsligheten hos framför allt yngre idrottare.

Den aggressive ishockeyspelaren skulle efter en lyckad ART-insats kunna te sig på följande sätt. Istället för att gapa, skrika glåpord, börja slåss eller slå klubban i sargen, när han känner de första tecknen på att sympaticus stegras – välja att åka undan, lämna rinken och åka ut i båset med coachens goda minne.

Det intressanta är att om man beter sig aggressivt så blir man tillfälligt mer aggressiv och tvärtom blir man lugnare genom att bete sig behärskat. Move your ass and ... Aggressivitet behöver inte levas ut.

Komponenter i en beteendeanalys där känslor påverkar

Respondent inlärning		
Det operanta beteendet R är fokus i all beteendeanalys		
Symbol	Namn	Förklaring
R	**Den respons eller det beteende, som man önskar förstå och se orsaken till, för att senare eventuellt kunna påverka.**	*Ett operant beteende – handling eller tanke. Detta är fokus för beteendeanalysen. Det är R vi vill förstå, för att sedan kunna påverka.*
OBS	**Obetingat stimulus**	*En företeelse som från födseln har en sympatiucustriggande förmåga. Plötsligt ljud, att tappa balansen, en ilsken hund eller ansiktet hos en människa med sympaticus väcker naturlig (obetingad) sympaticus.*
BS	**Betingat stimulus**	*Samma som ovan men här är kopplingen mellan BS och sympaticus inlärd (respondent betingning). Exempelvis tävlingsrädsla, rädsla för att rida efter det att man blivit avkastad, fobier av olika slag, anorexi där man är rädd för att äta osv.*
OBR	**Obetingad reaktion**	*Sympaticus (ingår i bland annat ångest, rädsla) som triggats av ett OBS.*
BR	**Betingad reaktion**	*Sympaticus (ingår ibland annat ångest, rädsla, ilska) som triggats av ett BS.*
BS — BR	**Respondent formel**	*Visar vad som blivit en trigger (BS) och som således automatiskt utlöser (BR) sympaticus efter betingning/inlärning.*
BR/S	**Känsla**	*Sympaticus (BR) som får sin känslovalör av tankar/tolkning (S) av situationen. Sympaticus kan bli rädsla, nervositet, men även entusiasm, glädje, lycka. Vilken känsla beror på hur situationen tolkas. Guld i OS väcker sympaticus som blir så stark att den uttrycks i glädjetårar.*

BS — BR/S⁻ — R — K⁻	Även kallat Mowrer's två-faktorteori.	*Förstärkningsformel där känsla (BR/S) är med och startar beteendet (R). Denna sammansatta formel kallas tvåfaktorteorin, genom att autonomt beteende och respondent betingning BS — BR samverkar med operant beteende S — R — K. Vanligen handlar beteendet (R) då om säkerhetsbeteenden som flykt från eller undvikande av obehag (känslan). När sympaticus (BR) väcks av något BS då tolkar personen situationen (S) för att veta vilket beteende (R) som är lämpligt att vidta. Är situationen hotande – rädsla och man flyr. Är situationen irriterande – ilska och man angriper. Är situationen glädjande – man sjunger, dansar, skriker och hurrar.*
K⁻	**Negativ förstärkning**	*Negativ förstärkning genom minskad sympaticus (olust, nervositet, ilska). När aversiva och olustiga känslor är involverade BR/S⁻ då är förstärkningen alltid en minskning eller reduktion av känslan.*
K	**Positiv förstärkning**	*Positiv förstärkning kan förekomma ensamt eller samtidigt som negativ förstärkning av samma beteende (R).*

Att arbeta metodiskt

Att arbeta med tillämpad beteendeanalys betyder att man arbetar metodiskt och förhåller sig till beteendet på ett vetenskapligt sätt. Man bedriver inte vetenskap, men man väljer sina insatser efter det att man tror sig veta orsaken eller drivkraften till det beteende man vill påverka. Vidare är man noga med att registrera eller mäta förändringen av beteendet.

Tillämpad beteendeanalys har minst 6 steg

1. **Topografisk analys – precisera det eller de beteenden (R) du vill påverka** – problem med beteenden handlar alltid om överskott eller underskott. I den topografiska analysen radar man upp de beteenden som man antingen vill få bort (överskottsbeteenden) eller som man anser saknas (underskottsbeteenden) och som man vill öka.

2. **Välj några av beteendena i den topografiska analysen att mäta/registrera.** Viktigt för att kunna iaktta beteendeförändringarna/resultatet av eventuella insatser.

3. **Gör beteendeanalys** – vad vidmakthåller överskottsbeteendena – vad förstärker dem? Vad startar beteendena i situationen? Varför används inte underskottsbeteendena – råder brist på förstärkning eller förstärks motsatta beteenden? Beror beteendeunderskottet kanske på kunskapsbrist eller färdighetsbrist? Finns några etablerande omständigheter som gör att beteendena blir mer eller mindre förstärkta i situationen.

4. **Sök och välj åtgärder** för att påverka beteendet med utgångspunkt från beteendeanalysen och genomför. Ta bort eller tillför förstärkningar, beroende på vad och hur du vill påverka.

5. **Genomför åtgärderna** och fortsätt att mäta, registrera för att kunna se om problemet utvecklas åt rätt håll.

6. **Fortsätt mäta, räkna och registrera beteenden** även efter det att åtgärder vidtagits.

7. **Upprepa** punkterna 2 till 5 om önskvärd beteendeförändring inte uppnåtts.

Precisera beteendet (topografisk analys)

Vilket beteende eller vilka beteenden vill jag förstå och påverka? Beskriv omedelbart problemet i beteendetermer. Vad gör personen som inte är bra och som hon borde sluta med? Eller vad gör personen inte, som hon borde göra, för att det ska bli bättre? I den topografiska analysen beskrivs hur de så kallade målbeteendena ser ut – helt utan värderingar. Vilka beteenden fattas och vilka beteenden är felaktigt utförda och ska bort? Frågorna som måste besvaras är: *Vilka enskilda beteenden förekommer för mycket här? Vilka beteenden fattas här?* Beskriv problemet i beteendeöverskott respektive beteendeunderskott. Förmågan att kunna se vilka beteenden eller delar av beteenden som är "fel" – fattas eller som inte borde finnas är i allmänhet instruktörens/tränarens/ coachens uppgift att precisera. Det är dock inte alltid lätt att se vad idrottaren ska göra istället eller hur han kan bete sig för att öka precisionen.

Det är en stor fördel om tränaren ser beteendedetaljer i utförandet som bör förändras. "Du sträcker inte på vristerna när du glider över ribban", "Din ansats verkar vara för lång, så du hinner sänka farten en aning före avstampet", "Efter du har slagit en rak höger sjunker garden i en sekund".

Det är avgörande för att kunna göra beteendeanalys att man har konkreta beteenden att analysera. Att ha beteendefokus.

Kalle får bli vårt exempel på stukturen vid beteendeanalys och hur man vidtar åtgärder

Kalle är en skicklig fotbollsspelare. Han är tekniskt duktig, han har blick för spelet, bra spelförståelse och hittar oftast bra positioner på offensiv planhalva. Han är "målfarlig" – en riktig måltjuv, förutom vid viktiga matcher. Vid viktiga matcher har han sällan bollen, han släpper bollen även i lägen där han annars skulle ha skjutit. Den rörelse på planen som han brukar ha på träning förekommer inte alls. Kalle är en helt annan spelare när det är viktiga matcher. Han förstår inte varför han presterar dåligt och inte kommer till sin rätt. Han deppar och klagar på sitt bristande självförtroende.

1 Topografisk analys

Till att börja med kan vi konstatera att Kalle inte är samma spelare vid viktiga matcher som under träning och i mindre viktiga sammanhang. Vi kan gissa att viktiga matcher är en etablerande omständighet (EO), som gör det förstärkande för honom att bete sig annorlunda.

EO = viktig match

På vilket sätt beter han sig annorlunda?

Vilka överskott och underskott visar Kalle vid *viktiga matcher* (EO)?

	Överskott	Underskott
Motoriska beteenden	*Släpper bollen hemåt* *Passar medspelare trots eget läge* *Klagar över dåligt självförtroende*	*Göra sig spelbar (passningsskugga)* *Ropa till sig boll* *Utmana och driva boll mot mål* *Skjuta på mål* *Hålla i bollen*

Med den topografiska analysen utpekar man vilka beteenden som är fel och oönskade och som man vill förändra och vilka som är rätt och som man vill se mera av. Det slutliga målet med insatserna är därmed uttryckt i beteendetermer. Om vi kan få underskotten att öka och överskotten att minska så har vi löst Kalles problem.

2 Registrering av beteenden

Tränaren påbörjar nu registrering av några av de beteenden som utgör problemet. Exempelvis; 1) Ropar på bollen; 2) Antal bollinnehav längre än 3 sekunder på offensiv planhalva.

3 Beteendeanalys

För att förklara vad som vidmakthåller de olika beteendeproblemen i den topografiska analysen placeras dessa under R i formeln.

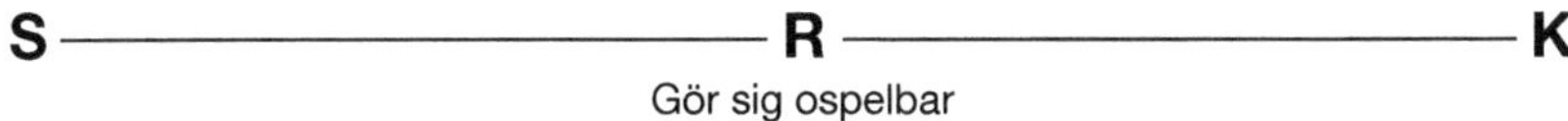

Därefter börjar detektivarbetet med att försöka hitta vad som händer före beteendet eller hur situationen ser ut när beteendet uppträder. Man försöker hitta alla – ett stimulus eller flera stimuli – som kan tänkas göra att R startar. Vilka förstärkningar kan tänkas få Kalle att placera sig i passningsskugga? I analysen nedan ser vi att alla hans oönskade beteenden har samma förstärkning. Kalle undviker att göra fel med bollen i offensivt område, genom att inte ha tillgång till den. Han är helt enkelt rädd för att slarva bort chanser. Förstärkningen är negativ – han undviker obehag och osäkerhet genom att undvika bollen. I förlängningen undviker han också att få kritik för att ha sjabblat bort en målchans, vilket också kan vara en tanke som är förstärkande, när han snabbt slår ifrån sig bollen.

Analyserna kan se ut på följande vis:

Kalle har en rad *undvikandebeteenden* för att slippa göra bort sig inför publiken, kamrater och tränare. En viktig match är den etablerande omständighet (EO) som gör det extra förstärkande att bete sig på detta vis. På träning bryr han sig inte om han gör bort sig.

Det är fullt möjligt och ofta sannolikt att flera R har samma förklaring, så att de kan analyseras samtidigt. Detta visar sig vanligen under analysens gång. När flera beteenden används på grund av samma funktion (förstärkning) kallas detta att de tillhör samma responsklass.

Alla beteenden som att hålla sig ospelbar, stå "fel" placerad vid anfall, inte ropa på bollen, inte driva och utmana, inte skjuta på mål tillhör samma responsklass, då de fyller samma funktion – har samma förstärkning – för Kalle.

Men Kalle har också flyktbeteenden. Han flyr från sin rädsla (sympaticusreaktion) som väcks då han får bollen detta blir då ett BS genom respondent betingning;

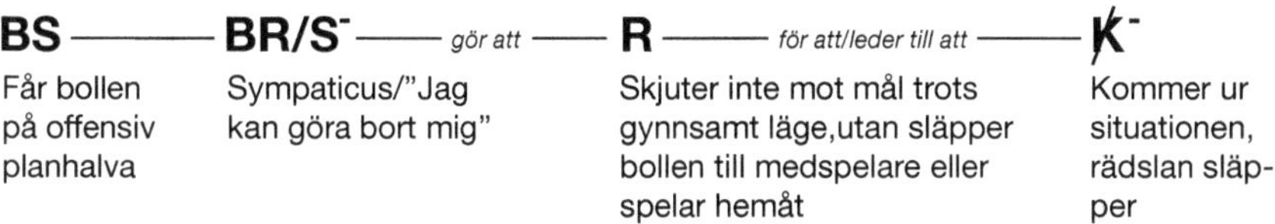

Kalles beteenden skulle kunna vara gynnsamma och begripliga utifrån matchsituation och utifrån spelförståelse. Men Kalle gör dem när de inte är gynnsamma och han gör dem framför allt av fel skäl. Han gör dem för att undvika obehag och eventuella misslyckanden.

Kalles dåliga självförtroende är snarare en konsekvens av hans undvikanden och flyktbeteenden än en orsak till dem. Det är lätt att tappa tilltron till sig själv, "när man beter sig fegt" och inte presterar fastän man vet att man kan. Självförtroendet kommer sannolikt att förbättras med att han förändrar sina beteenden och åter börjar ta chanser och riskera att göra fel. Move your ass and your mind will follow.

4 Använd analysen för att påverka beteendet – leta åtgärder

När man har analysen klar och tror sig veta varför Kalle beter sig som han gör i de viktiga matcherna, då är det dags att fundera hur informationen ska användas.

Varför är Kalle så rädd att göra bort sig? Har han blivit hårt kritiserad av någon viktig person, när han tidigare sjabblat sig? Har han blivit utbytt eller tagen av plan (ofrivilligt säkerhetsbeteende – respondent betingning) i samband med något tidigare misstag och tagit detta så hårt att han blivit rädd för att detta ska upprepas? Har han blivit hånad eller tråkad av lagkamrater för att han missat en gyllene målchans? Oavsett hur denna inlärda rädsla för att ta ansvar för bollen i anfall under viktiga matcher uppkommit, så måste hans beteende förändras. Hur gör man detta på enklaste sätt?

Att skälla på honom och förebrå honom att han är feg torde inte göra honom lugnare. Istället bör han få klart för sig att det är bättre att chansa på att göra mål än att exempelvis passa när chansen att lyckas finns. Hellre chansa än att fega ur.

Förslag till åtgärder för att förmå Kalle att ändra sitt beteende:

Återkommande i alla fall: (**Syfte:** *Efter de numrerade förslagen anges med kursiv stil den inlärningspsykologiska avsikten eller metoden, för att koppla den föreslagna åtgärden till analysen och teorin).*

1. Berätta för honom om analysen och hör om han anser att den kan stämma (**Syfte:** *Det är lättare att förändra sitt beteende, om man förstår hur det hela hänger ihop och det blir också mera förstärkande att förändra det. Detta är att etablera en omständighet som gör det mindre "farligt" att göra bort sig.*)

2. Klargör att du vill se honom chansa mera, hålla i bollen och när så är lämpligt chansa och själv gå mot mål. Blir han av med bollen, är detta ingen katastrof. Det viktiga är att inte släppa bollen för tidigt eller när passning inte har gynnsam effekt på spelet. Skjut mot mål om minsta möjlighet att lyckas finns. Han måste se till att han är spelbar och skrika på att få bollen då det är gynnsamt exempelvis vid anfall. (**Syfte:** *Att få till stånd en beteendeförändring och förmå honom att försätta sig i och exponera sig för de jobbiga situationerna.*)

3. Som tränare: Registrera ett eller flera av de önskvärda beteendena under match och ropa beröm och uppmuntran, när han följer instruktionerna – även om resultatet av hans beteendeförändring inte blir lyckat. Störst effekt på beteendet har konsekvenser (förstärkningar) som kommer omedelbart och i samband med beteendet. (**Syfte:** *Positiv förstärkning på önskvärt beteende i efterhand.*)

4. Registreringarna av önskvärda beteenden får bli utgångspunkt för samtal med Kalle i efterhand. Ge feedback om hur bra han gjorde då eller då, för att ge extra eftertryck åt beteendeförändringen. Fråga även hur han upplevde att ändra sitt beteende (shaping). (**Syfte:** *Utan mätning kan vi inte veta om åtgärderna är effektiva. Förstärkning av hans beteenden kan också ges i efterhand.*)

5. Använd gärna video för att visa Kalle när han gjorde rätt enligt instruktionerna (ytterligare förstärkning) som möjliggör självimitation/modellinlärning som "inspiration". Beröm vid rätt beteenden, när ni tillsammans tittar på videon i efterhand. (**Syfte:** *Vikariell förstärkning när Kalle på video gör rätt beteenden.*)

6. På sikt kan man förvänta sig att Kalles beteende kan vidmakthållas av spontana och naturliga förstärkningar och åtgärderna enligt ovan kan trappas ner. Det är viktigt att förstärka tätt i början för att etablera de nya beteendena vid viktiga matcher.

7. Tränaren sparar beteenderegistreringarna som påbörjats redan efter den topografiska analysen, som fortsatts under åtgärdsfasen och upprättar en kurva som feedback till Kalle och för sin egen skull. Krävs ytterligare åtgärder eller har Kalles beteende förändrats i önskad utsträckning? (**Syfte**: *Ytterligare förstärkning för Kalle och även för tränaren.*)

Genom ett systematiskt arbete med beteendeanalys kan snabba och riktiga beteendeförändringar åstadkommas. Nedan följer en rad exempel.

Tillämpade exempel

Här redovisas hur man kan använda tillämpad beteendeanalys. Syftet med beteendeanalysen är att få tillstånd beteendeförändringar, som på sikt leder till ett bättre mående tillsammans med en större glädje i idrottsutövandet och därmed sannolikt även bättre resultat.

I tveksamt allvarliga fall bör dock alltid en psykoterapeut med KBT-inriktning och tydligt beteendefokus konsulteras samt även psykiater.

Golfspelaren på tee

Elsa, en lovande golfspelare, har fått stora problem med utslag från tee. Utan att hon förstår varför, blir hon alldeles "stel" när hon ska slå. Hon känner sig obekväm och bollen går ofta helt fel. Problemet har ökat och är avsevärt jobbigare nu än tidigare. Förut var hennes utslag både längre och bättre placerade. Hon undrar: "Vad har hänt?"

Det hela började, om hon minns rätt, på DM i våras. Hon skulle slå ut på sista hålet. Hon låg mycket bra till och kände att hon hade vittring på att vinna för första gången som senior. Hon kände spänningen och nervositeten öka och när hon slog ut, gick bollen minst 25 grader för långt åt höger och hamnade i en skogsdunge. Elsa blev otroligt besviken och chockad.

Elsa hoppades att bollen skulle ligga ok trots misstaget, men efter en nervös promenad ser hon att bollen ligger precis vid en sten! Eftersom hon fortfarande hade chans att vinna satsade hon för att nå green trots det dåliga läget, men fick ingen bra träff på bollen som kom i ett nytt svårt läge. Efter ett par slag kommer hon väl upp på green och var då så stressad och arg så att hon dessutom treputtade. Hennes slutresultat på hålet, fyra över par, räckte inte ens till att vara bland de 15 bästa.

Nästa tävling var hon tveksam till att delta och efter mycket ältande avstod hon, då hon ville komma tillrätta med sin driver först. Hon har tränat utslag i många timmar varje vecka för att hitta tillbaka, men det har inte gått som hon hoppats. Hon har tränat utslag med sin tränare, med vänner och helt för sig själv, men det funkar helt enkelt inte som förut. Då kände hon sig avslappad och lugn på tee och den känslan infinner sig aldrig numera.

Numera infinner sig den obehagliga känslan automatiskt på tee. Och det verkar som om alla utslag från tee kan gå hur fel som helst, utan att hon kan göra något åt det. Hon har prövat alla knep som erfarna golfare gett henne och hon har till och med tränat utslag med en specialiserad svingtränare. Hon har grubblat över vad det kan bero på under många sömnlösa nätter. Alla hennes ansträngningar har inte varit till hjälp, snarare har problemen bara blivit värre. Nu har problemen till och med dykt upp när det inte är tävling eller alls viktigt att lyckas. Tee har blivit som en strömbrytare som bara sätter igång problemet och allt känns overkligt och obegripligt.

På senare tid har hon börjat ge upp hoppet och tackat nej till flera tävlingar och skyllt på ryggen, då hon börjar må dåligt redan flera veckor innan tävling.

1 Topografisk analys (Elsa)

Vilka beteenden har Elsa använt i samband med att problemen uppstod och för att bemästra dem senare?

	Överskott	Underskott
Motoriska beteenden	*Tränar utslag med driver* *Anstränger sig för att göra perfekta utslag genom att måtta slag många gånger, titta upp mot green, måtta igen osv* *Diskuterar sina utslag med vänner, tränare* *Hjälpsökande/fråga om råd* *Tackar "nej" till tävlingar* *Ger upp, "jag har ont i ryggen"* *Anlitar specialist*	*Tävla (gången efter misslyckandet)* *Spela "frimodigt" chansa (utan säkerhetsbeteenden)*
Kognitiva beteenden	*Fokuserar på att göra bra utslag* *Analyserar/försöker förstå vad det kan bero på. (Ältar)* *"Det kommer aldrig att gå"(olusttanke)* *"Jag kommer aldrig tillrätta med detta." (olusttanke)* *"Jag har gjort mitt på golfbanan" (olusttanke)*	
Autonoma beteenden	*Spänd/stel i kroppen, olustkänslor, lätt illamående*	

2 Registrera beteenden

Ett beteende som är synnerligen lätt att registrera är deltagande i tävling. Ett överskott som måste minska är att träna utslag med driver – lätt att mäta tiden per vecka. Man kan också mäta tiden på tee, som hon tar på sig före utslag. Den tiden ska kortas ner.

3 Beteendeanalys

De överskott och underskott på beteenden som Elsa uppvisar måste ha förstärkningar. I vilka situationer använder Elsa sina överskott och underskott?

BS = Stå på tee med driver i handen

BS = Tanke på kommande tävling, tanke på att stå på tee

BS —— *triggar* —— **BR/S⁻** —— *gör att* —— **R** —— *för att/leder till att* —— **K⁻**

| Tanken på tee/ kommande tävling | Sympaticus/"Jag blir spänd", "det går aldrig" (olust, mår dåligt) | Avstår/tackar nej, diskuterar med tränare, hittar egna svar (tröstetankar) | Slippa olusten |

Genom att avstå från tävlingar blir Elsa alltmera känslig för att delta i tävling (respondent betingning). Väl på tee flyr hon från situationen (BS), med hjälp av sina säkerhetsbeteenden;

BS —— *triggar* —— **BR/S⁻** —— *gör att* —— **R** —— *för att/leder till att* —— **K⁻**

Står på tee	Sympaticus/"Jag klarar inte detta"	Måttar, siktar Koncentrerar sig Bryter tävling/ger upp Skyller på ont i ryggen	Slippa må dåligt

Att tacka nej föregås sannolikt av mycket ältande eller diskuterande med sig själv. Ska jag – ska jag inte? I ältandet flyr hon med hjälp av sina tröstetankar (försök att förstå vad som händer) från olusttankarna, vilka då blir betingade stimuli (BS) med förmågan att trigga igång sympaticus. Elsa mår därefter automatiskt dåligt bara av tanken på att delta i tävling och att åter stå på tee. Nu har Elsa blivit rädd för tanken på att tävla, vilket gör henne än mera benägen att undvika.

BS —— *triggar* —— **BR/S⁻** —— *gör att* —— **R** —— *för att/leder till att* —— **K⁻**

Tänker på tee med driver i hand	Sympaticus (spänd)/ "Jag klarar inte detta"	Bestämmer sig för att inte ställa upp	Må mindre dåligt för ögonblicket

Elsas ansträngningar att kontrollera sina känslor och sitt utslag med hjälp av olika säkerhetsbeteenden gör henne i själva verket mera spänd i kroppen och ännu mera spänd på sikt. Säkerhetsbeteenden ger lindring i stunden, men bygger på sikt på känslan genom respondent betingning för allt flera BS – faktiska situationer och tankar.

4 Använd analysen för att påverka beteendet

Vår analys ger vid handen att Elsa har skaffat sig en automatisk/betingad rädsla genom att avbryta och undvika tävlingar när hon haft sympaticus i kroppen – alltså respondent betingning. Hon får nu automatiska sympaticuspåslag av att stå på tee med drivern i hand. Hennes ältande av och funderingar kring varför det går så dåligt för henne och varför hon är så spänd, har även gjort hennes olusttankar till triggers (BS) med förmågan att utlösa sympaticusreaktion.

Förslag till åtgärder för att förmå Elsa att ändra sitt beteende:

Berätta för Elsa om analysen och hör om hon tycker att den stämmer. Om hon förstår och anser att den kan vara en trolig förklaring till hennes problem, presentera dina åtgärder som bygger på analysen för henne.

1. Ge Elsa förklaringen till varför hennes problem uppstått. Undervisa om respondent be-

tingning och hur säkerhetsbeteenden är "boven" i denna negativa utveckling. (**Syfte:** *Det är mera förstärkande att förändra sitt beteende, om man förstår varför det måste göras. Det är en EO som gör det förstärkande att agera rätt i behandlingssyfte.*)

2. Eftersom Elsa blivit rädd för att tävla (fått automatisk sympaticuspåslag före och under tävlingar på grund av respondent betingning) måste hon vara beredd att gå in i tävlingar utan säkerhetsbeteenden – se hennes överskottsbeteenden. (**Syfte:** *Exponering med responsprevention.*)

3. När en tävling närmar sig – bestäm att hon ska delta och diskutera inte detta vidare, även om oro och ångest drabbar henne med jämna mellanrum. Att avstå "finns inte på kartan". (**Syfte:** *Att fundera över beslut är ältande och det ger vanligen beslutsångest – snabbt beslut måste åtföljas av genomförande av det som fruktas.*)

4. När olusttankar av typen "Jag kommer att slå åt fanders", "jag kommer att vara spänd som en pinne", "det kommer att bli katastrof" osv. dyker upp och gör henne orolig, måste hon se på tankarna, acceptera att de kan komma att besannas. Inte göra något för att må bättre eller för att värja sig mot tankarna. Förklara för henne, att man aldrig kan resonera sitt autonoma nervsystem tillrätta – reptilhjärnan reagerar ologiskt. (**Syfte:** *Acceptans av det smärtsamma, ovissa och obehagliga.*)

5. Hon uppmanas att göra utslag i fantasin utan att bry sig om var bollen hamnar. Hon ska göra svingen i fantasin. Uppmana henne att inte se resultatet av slaget och inte värdera det. Hon ska fortsätta med dessa "fantasiutslag" så länge det känns obehagligt. Gör denna tankeexponering helst 50 gånger per dag. (**Syfte:** *Beteenderepetition, det vill säga exponering i tanken för tee och utslag.*)

6. Förklara för Elsa att när hon tränar utslag i verkligheten ska hon inte bry sig om att värdera sina slag. Titta inte var bollen hamnar. Slå bara och konstatera att det blir som det blir. Fördelaktigt är att träna när hon inte känner oro i kroppen och gå till träningarna med en nonchalant attityd. "Skit samma hur det går." (**Syfte:** *Etablera den nya omständigheten "acceptans av det som inte går att kontrollera", vilket innebär att hon avstår säkerhetsbeteenden.*)

7. När tävlingen sedan kommer, instruera henne att bara se den som en av flera möjligheter att få rutin och att träna. Att göra tävlingen oviktig genom att bete sig som om den vore oviktig och att detta bör bli en allmän inställning. (**Syfte:** *Sänk den allmänna spänningsnivån genom att avdramatisera betydelsen av tävlingen. Acceptera att det är fullt möjligt att misslyckas. Acceptans som ny etablerande omständighet [EO], vilken gör det mindre "farligt", aversivt eller bestraffande att misslyckas.*)

8. Om hon misslyckas på tävlingen – ska hon se detta som ett steg i rätt riktning till att lära sitt nervsystem att det inte är värt att spänna sig. (**Syfte:** *Omvärdera misslyckandet – som en erfarenhet och se det som en träning att ta misslyckanden på ett sätt, som inte vidmakthåller problemen.*)

9. Bonusen kommer på sikt. I takt att Elsa blir mindre angelägen att lyckas, kommer det att bli allt mindre problematiskt att slå ut. Men hon bör inte leta efter eller vänta på att den känslan ska komma, utan bara konstatera att den kommit när så skett. Motbetingning tar tid och försenas om säkerhetsbeteenden åter kommer till användning. (**Syfte**: *Detta är rationalen/tanken bakom hela behandlingen och den utgör en EO för att göra den jobbiga beteendeförändringen förstärkande.*)

10. Elsa mäter och registrerar tiden hon lägger ned på att träna utslag per vecka, vilken måste minimeras. Mät även tiden Elsa tar på sig på tee före utslag och förmå henne att minska denna till maximalt 20 sekunder och därmed minska antalet säkerhetsbeteenden. (**Syfte:** *Detta blir en exponering med responsprevention.*) Hon kan även registrera varje gång hon gör en beteenderepetition, som ett mått på om hon gör sin läxa.
(**Syfte:** *Selfmonitoring – registrering gör att hon fullföljer läxan mera effektivt.*)

Simning eller inte simning? Det är frågan.

Linus är 22 år och mitt uppe i sin simkarriär. Han har bestämt sig för att ta timeout från simningen. Linus har börjat fundera på om simning verkligen är något för honom, eftersom han senaste halvåret till året upplevt ångest i samband med simningen. Ångesten har dykt upp både vid träning och tävling. Ångesten har känts som en klump i magen inför vissa träningar – och det har ibland hänt att han gråtit innan träning. Många gånger har han tänkt; "jag vill inte träna" och vissa gånger har han till och med avstått från träningen eftersom det känts för jobbigt att åka.

Linus har under flera års tid stått still i sin utveckling. Han har inte förbättrat sina tider och inte nått de framgångar han hoppats på. Linus tycker det är märkligt, eftersom han höjt sin träningsdos rejält och verkligen satsat helhjärtat. Till exempel har han tränat fast han egentligen haft vilodag och han har även tackat nej till fikastunder med kompisar. Han beskriver det som att han tränat och tävlat för att hålla måttet och för att inte misslyckas. Han har verkligen kämpat för att leva upp till sina egna och omgivningens krav.

Nu när han struntat i simningen ett tag så tycker han att det till viss del känns ganska skönt. Han har kunnat umgås och fikat med vänner och han har inte tänkt på simning dygnet runt som han gjort tidigare. Men samtidigt är han rådvill eftersom det innerst inne känns som att det vore kul att hitta tillbaka till det som en gång var roligt med simningen. Han skulle vilja ge det en sista chans. Han har någonstans där inne minnen av att simning var kul och gav honom mycket positivt, men att det har blivit tråkigare över tid.

Linus tycker att det är jobbigt och besvärande att tänka på träningsplanering, simhallen, vissa tränare och sin satsning.

Linus saknar dock själva träningen, röra på kroppen, samt att ha ett mål. Så han har planer på att komma igång igen. Men kanske börja med en annan simgren eftersom bröstsim känns för jobbigt. Men också här funderar Linus mycket. Samtidigt som det känns skönt att slippa simningen, så känns det som att det innerst inne finns en önskan om att fortsätta och hitta tillbaka till det som en gång var så roligt.

Han känner att han alltid måste vara förberedd när han ska ge sig in i något. Inte bara i simningen utan i övriga delar i livet också. Han måste känna att han kan hävda sig i det han ska ta sig för. Annars undviker han det gärna.

1 Topografisk analys (Linus)

Vilka beteenden har Linus problematiska situation lett till? Varför har Linus tagit timeout från idrotten? Vad gör Linus för att må bättre och "hantera" att han mår dåligt?

	Överskott	Underskott
Motoriska beteenden	*Tidigare men inte längre:* *Tränat (extra mycket, till exempel på vilodagar)*	*Numera:* *Vistas i simhallen* *Träna simning* *Delta i tävling* *Träffa tränare* *Tidigare: Fika med kompisar*
Kognitiva beteenden	*Leker med tanken att ta timeout* *"Kanske sluta träna"* *Funderar på att byta gren*	
Autonoma beteenden	*Gråter* *Olust (inför "simning")*	

2 Registrera

Ett enkelt val av beteenden som kan mätas och registreras av Linus själv är hans träningstid i simhallen, antalet gånger han talar med sin tränare och att fika med kompisar. Andra val är också möjliga.

3 Beteendeanalys

Linus har en inställning, en etablerande omständighet, som gör det bestraffande att satsa på något som inte är säkert eller i det närmaste garanterat. Denna inställning gör honom särskilt känslig för misslyckanden – för utsläckning.

EO= Han måste vara duktig i det han ska ta sig för. "Är jag inte tillräckligt bra är det lika bra att avstå."

BS = Situationer som innebär risk att "inte vara tillräckligt bra" enligt hans egna stränga måttstock.

I första skedet av problemet:

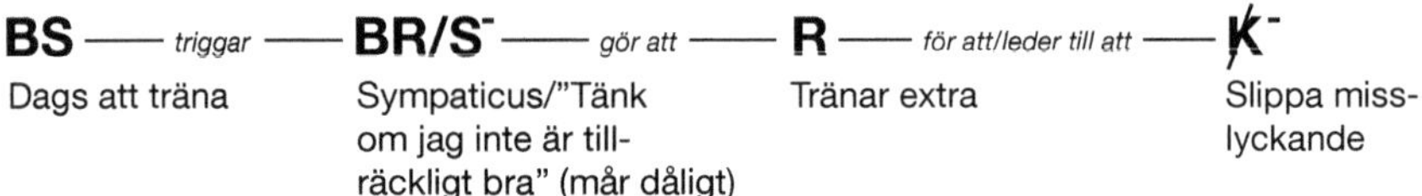

Linus tränar extra men lyckas ändå inte tillräckligt bra enligt honom själv. Hans höga krav på sig själv (EO) tar ifrån honom glädjen och gör att aktiviteten inte längre är självförstärkande. Han blir besviken och istället för att "jobba på" med träningen, så väljer han en annan strategi och börjar istället undvika.

I ett tidigare skede var extraträning ett säkerhetsbeteende, men har nu ersatts av framför allt undvikanden. De underskott på beteenden som Linus nu uppvisar måste ha förstärkningar. Vilka?

När Linus undviker simhallen, tränare och hela "sim-miljön" kommer allt i denna miljö att efter en tid kunna utvecklas till betingade stimuli (triggers) som automatiskt utlöser sympaticus (må dåligt) hos honom. Blotta tanken på att träna, möta tränaren, umgås med kamraterna i simhallen väcker då olust hos honom. Det gör att det blir alltmera motigt att komma nära simningen.

4 Använd analysen för att påverka beteendet

Nu tror vi oss förstå varför Linus har funderingar på att sluta med simning, han vill vara bäst och han vill inte skämmas för att han inte är bäst. Om han skulle byta gren så skulle samma problem dyka upp även där, för hans problem sitter inte i simningen utan i hans sätt att bete sig och därmed se på sitt utövande.

Förslag till åtgärder för att förmå Linus att ändra sitt beteende:

1. Berätta för honom om analysen och hör om han tycker att den stämmer. Inser han att han undviker simningen för att han känner sig besviken, rädd för att misslyckas och för att inte känna sig nedvärderad? (**Syfte:** *Förstå eget beteende blir en ny viktig etablerande omständighet [EO] som gör det förstärkande att bete sig på nytt sätt.*)

2. Klargör att hans problem inte kan lösas om han inte kan acceptera att komma tvåa eller sämre. Att alltid sträva efter att vinna är en omständighet som gör att han garanterat kommer att känna sig misslyckad, då det är orimligt att alltid vinna. (**Syfte:** *Försök att få bort denna EO, då den bäddar för att han ständigt bestraffas i sina försök att vara bäst. Acceptans av att bara en person kan bli etta och det varierar vem det blir, är en attityd som fungerar som EO och som gör det lättare för honom att förändra sitt beteende – minska överskotten och öka underskotten.*)

3. Förklara även för honom att hans idrottande blivit bestraffande för honom, då han ställt sina mål så högt (EO) att möjligheten att uppfylla det inte finns. Och att hans idrottande drivs av negativ förstärkning – "Jag får inte misslyckas" istället för av positiv förstärkning – "Det är kul att simma och jag mår bra av det." (**Syfte:** *Etablera en ny omständighet som gör det positivt förstärkande att träna och tävla igen.*)

4. Förklara att hans undvikanden av simmandet och tävlandet bara gör att han mår allt sämre. Respondent betingning – jämför med lille Albert. (**Syfte:** *Göra sambandet mellan hans beteende och mående tydligare för att det ska bli mera förstärkande att förändra sitt beteende [ny EO].*)

5. Gör klart för honom att det bästa för honom är att riskera att göra bort sig och att sedan se sämre placeringar som steg på vägen att bli bättre på sikt. Det bästa sättet att vänja sig vid att inte vara bäst är att få vara med om att inte placera sig. Move your ass and your mind will follow. (**Syfte:** *Visa på hur problemen kan lösas, genom att tillåta sig att misslyckas – förklaring och insikt ökar motivationen genom att det blir mer förstärkande att riskera att misslyckas.*)

6. Kanske blir det nödvändigt att uppmana honom att avsiktligt se till att han kommer efter sina kamrater vid träningsheat och att riskera detta även på ett antal tävlingar. Han ska göra det utan bortförklaringar och verkligen ta skammen. Detta är exponering med responsprevention, som på sikt kommer att leda till att han inte längre blir besviken av att inte placera sig. (**Syfte:** *Exponering med responsprevention är enda sättet att motbetinga triggad ångest. OBS! Att låta honom bortförklara inför andra vore ett nytt säkerhetsbeteende som skulle göra exponeringen verkningslös.*)

7. Uppmana honom att alltid gå till träningar och att tävla – undvikanden leder endast till att han mår sämre. Att överträna är också ett säkerhetsbeteende som kommer att få honom att må sämre, då det är ett medel att undvika misslyckanden. (**Syfte:** *Stoppa säkerhetsbeteenden som ökar rädslan för att misslyckas.*)

8. Förklara att byte av gren sannolikt inte skulle hjälpa utan tvärtom. Att byta gren är ett undvikande som skulle kunna generaliseras till den nya grenen. (**Syfte:** *Problemen följer med – generaliseras till kommande situationer.*)

9. Först när han genomfört punkterna ovan kan han överväga om han fortfarande vill byta gren. (**Syfte:** *Att byta gren skulle kunna fungera som ett säkerhetsbeteende och bör* därför *inte väljas.*)

10. Mät eller registrera beteenden före, under och efter. Det är enkelt att mäta tillbringad tid i simhallen och antalet tillfällen han pratar med sin tränare. (**Syfte:** *Registreringarna kan användas för att visa Linus på hans faktiska beteendeförändring och jämföra den med hur hans mående utvecklas – motivera till fortsatt beteendeförändring.*)

"Vi måste höja lägstanivån"

Ett fotbollslag är inne i en formsvacka. I flera matcher upplever laget och tränarna att de inte alls presterar i den nivå de borde göra. Generellt är passningsspelet mindre bra, dålig rörelse på planen och bekymmer i försvarsspelet. Flera spelare är tysta på planen och är mera tillbakadragna än vanligt. Laget har haft "krismöten" där de pratat om att de måste höja lägstanivån och att alla måste ta ansvar för att vända trenden. Spelarna upplever inga direkta problem med nervositet eller anspänning utan spelet vill sig inte bara riktigt. Trots krismöten och diskussioner har inget hjälpt.

1 Topografisk analys (vi måste höja lägstanivån)

Beteenden som fotbollsspelare bör kunna och utföra kan indelas i olika kategorier;

- **Taktiska beteenden** som exempelvis att passa bollen i rätt läge, skära av ytor, göra sig spelbar, stå kvar eller falla med backlinjen osv.

- **Tekniska beteenden** som exempelvis handlar om att utföra passningar, dribbla och vända upp med boll.

- **Närkampsbeteenden** som innebär ge och ta tacklingar, täcka boll och bryta mm.

- **Ledarskapsbeteenden** som innefattar att prata, instruera, uppmuntra samt styra och ställa med kroppsspråket osv.

Som läget är nu upplever laget bekymmer med alla fyra kategorierna.

Vilka beteenden gör spelarna på planen som gör att de just nu har en låg lägstanivå i sin prestation?

Självklart varierar det från individ till individ i laget vilka överskott eller underskott på beteenden som förekommer. Generellt kan man dock säga att spelarna för tillfället har en mängd underskott på beteenden.

	Överskott	Underskott
Motoriska beteenden		*Göra sig spelbar i rätt lägen* *Rörelse på planen* *Skära av ytor* *Utmana med boll* *Gå in i närkamper* *Instruera och pusha lagkamrater muntligt eller med kroppspråket, uppmuntra*
Kognitiva beteenden		
Autonoma beteenden		

2 Registrering

Ledare kan välja ut och mäta ett visst eller några beteenden. Exempelvis dra ett streck när en spelare tydligt rör sig för att få boll, ropar uppmuntrande kommentarer eller går in i närkamp. Dessutom kan spelarna direkt efter match utvärdera sin egen och lagets insats inom de olika beteendekategorierna – tekniska, taktiska, närkamps- och ledarbeteenden. Detta kan exempelvis göras på en skala från 1 till 10 för varje kategori.

3 Beteendeanalys

För tillfället är det många spelare i laget som upplever att det "bara inte fungerar", men förstår inte vad som är fel.

Vad styr spelarnas beteenden på planen? Hur kan det ha gått till att laget har blivit så passivt och domineras av undvikandebeteenden? Utsläckning?

S ——— gör att ———	R ——— för att ——— hindras —	K$^+$
Ser att medspelare A tar en löpning	B slår en passning som bryts av motståndare	Förstärkningen uteblir för både A och B (bollen går inte fram)
Ser att medspelare B har bollen	A löper och ropar för att få bollen	Förstärkningen uteblir för både A och B (passningen går inte fram)
C har läge att utmana motståndare	Utmanar men blir av med bollen	Förstärkningen uteblir (lyckas inte passera motståndare)
D har läge att gå in i närkamp	Tacklar motståndare för att ta bollen	Ingen förstärkning (lyckas inte ta bollen)

Sammantaget visar beteendeanalyserna att spelarna misslyckas med det mesta de företar sig. Förstärkningar uteblir på "allt" beteende. Om detta sker gång på gång vid upprepade tillfällen och för flera av spelarna på planen, då tenderar beteendena att släckas ut. Alla spelare behöver personligen inte vara med om misslyckandena som utsläckningsformlerna ovan visar. Att bara se hur ens medspelare misslyckas om och om igen fungerar som vikariell utsläckning och hela lagets beteenden kan drabbas. Hela laget presterar allt sämre – alltmera håglöst.

Förstärkningarna uteblir i detta exempel i kategorierna närkampsbeteenden och tekniska beteenden, vilket innebär att den generella beteendenivån sänks – "alla tappar sugen". Den sänkta aktiviteten kommer att drabba allt beteende på planen alltså även i kategorierna taktiska beteenden och ledarskapsbeteenden. En generell utsläckning av beteenden för laget blir följden – inlärd hjälplöshet. Det blir tystare på planen och inte lika hängivet och entusiastiskt spel, vilket ger motståndarna chansen att bli ännu mera överlägsna. Motståndarna blir däremot positivt förstärkta och blir då mera aktiva, mera entusiastiska och utmanande.

4 Förslag till åtgärder för att laget ska höja sin lägstanivå:

Nyckeln är att få spelarna att uppleva förstärkningar igen. Så att de fortsätter bete sig.

1. Tränarna etablerar omständigheten som gör beteendena i alla fyra kategorierna förstärkande, även om det skulle gå tungt i en eller två av kategorierna. De meddelar laget att

ibland kan det gå tungt när det gäller exempelvis passningsspelet, men låt inte detta påverka era övriga beteenden på plan, såsom att gå in i närkamper, göra er spelbara eller ropa uppmuntrande rop till varandra. Vara uppmuntrande kan man alltid lyckas med. Alltså, går det tungt i en kategori beteenden, ska man inte låta sig nedslås av detta utan "på't igen" och det blir ännu viktigare att fortsätta bete sig i de andra kategorierna. (*Syfte:* *Etablera en omständighet i form av regeln: Mycket bra att vara aktiv i alla fyra kategorierna även om det är motigt [ickeförstärkande] i en av dem. Ropa på bollen, gå in i närkamper, springa mera, fortsätt att passa och vara uppmuntrande och stötta varandra.*)

2. Tränarna förstärker rätt beteenden när de förekommer på planen, även om de inte alltid är framgångsrika. Det vill säga, uppmuntra rätt löpningar trots att bollen inte når fram, beröm spelare som går in i närkamper även om de inte vinner dem, framhåll spelare som kommunicerar på rätt sätt även om medspelaren inte uppmärksammar budskapet osv. (*Syfte:* *Förstärk underskottsbeteenden i stunden när de förekommer.*)

3. I halvtid och efter match följ upp beteenden i alla kategorierna. Sätt i system att utvärdera sina egna tekniska, taktiska, närkamps- och ledarskapsbeteenden och laget som helhet. Låt spelarna värdera exempelvis på en skala 1 till 10. (*Syfte:* *Förstärkning av underskottsbeteenden i efterhand.*)

4. Framhåll inför hela laget om någon eller några spelare varit extra "duktiga" på att bete sig inom exempelvis "ledarskapsbeteenden" och varit uppmuntrande. (*Syfte:* *Vikariell förstärkning.*)

5. Välj ut och registrera några få men viktiga beteenden, följ upp och visa på framsteg för laget, även om resultatet inte påverkats. Förra matchen gick vi in i x antal närkamper och denna match gick vi in i y antal närkamper. (*Syfte:* *Ytterligare förstärkningar.*)

Varför ger jag inte allt, när jag har mera att ge?

Johanna tävlar i längdskidåkning, i sprint. Hon berättar att hon inte kan ta ut sig max i loppen. Hon beskriver att "det bara blir så". Hon hamnar i bakre delen av fältet och spurtar ofta sent, för sent för att nå en bra placering. Eftersom Johanna känner att hon har krafter kvar i mål blir hon nedstämd och besviken på sig själv.

När Johanna berättar sin historia beskriver hon att det i samband med tävling ofta dyker upp tankar som "varför håller jag på med detta", "lika bra få tävlingen överstökad" och "tänk om jag tar i max och inte presterar så bra som jag tror jag kan". Under loppet blir hon sedan passiv och hamnar långt bak i fältet.

Även på träning känns det jobbigt ibland. Hon tar inte ut sig maximalt på intervallpassen och hon blir ibland bekväm och drar ner på tempot i skidåkningen, fast hon skulle kunna ge mera. Ett annat bekymmer under träning är att tävla mot dem som är nästan lika bra som hon. Helst vill hon möta dem som är mycket bättre eller dem som är mycket sämre. Jämnbördigt motstånd försöker hon undvika.

Hennes självförtroende är ofta dåligt och hon tänker då att hon är en "dålig idrottare". Dessa negativa tankar och känslor kommer i samband med att allt i hennes satsning inte sker som förväntat och perfekt. Exempelvis om hon tvingas förändra i träningsplaneringen, på grund av sjukdom eller annat. Eller när träningsplaneringen inte ser så perfekt ut som hon vill. Johanna säger att om hon tränar bra i 100 dagar och ett pass blir sämre så känner hon sig värdelös. När detta sker vill hon kompensera för känslan av att vara värdelös och det gör hon bland annat genom att skriva ner nya planer kring kost och träning. Hon dubbel- och trippelkollar gärna träningsplaneringen, och hon försöker hitta logiska argument för att hon faktiskt ändå är en rätt så duktig skidåkare. Då känns det skönt i stunden.

SM-tävlingarna väcker mest obehag. Hon upplever dem som jobbiga eftersom hon själv ofta är en av favoriterna, hon kan egentligen bara misslyckas. När hon tävlar internationellt mot riktigt bra motstånd är det inte riktigt lika ångestladdat. Vid mindre klubbtävlingar är det också lugnare.

1 Topografisk analys (Johanna)

Vilka beteenden utgör Johannas problem?

	Överskott	Underskott
Motoriska beteenden	Skriver ner planer kring kost och träning Kollar planeringen om och om igen	Ta ut sig maximalt, "ge allt" Aktiv på tävling
Kognitiva beteenden	"Jag är en dålig idrottare" (Olusttanke) "Jag är värdelös" (Olusttanke) "Varför håller jag på med detta?" (Olusttanke) "Lika bra att få tävlingen överstökad" (Tröstetanke/flykt) "Tänk om jag tar i max och inte presterar så bra som jag tror jag kan" (Olusttanke)	"Jag är en duktig skidåkare "
Autonoma beteenden	Sympaticus	

2 Registrera beteenden

Mycket av Johannas beteenden är kognitiva och sådana är svåra att observera och registrera. Ett genomgående motoriskt beteende är att inte ge allt. Förslagsvis får hon efter varje tävling, träning, utmaning skatta hur mycket hon "tagit ut sig" i procent av maximalt 100. Johanna kan också registrera den tid hon tillbringar med att titta på (dubbel-och trippelkollar) och justerar sin träningsplanering (överskott som ska minskas).

3 Beteendeanalys

Förväntningar och favoritskap förefaller vara en etablerande omständighet som gör henne mer passiv.

EO= Att vara "favorit"

Det förefaller vara mera laddat att möta motståndare som är jämbördiga med henne själv. Det känns enklare för henne att vara klart underlägsen eller överlägsen. Hon störs också av när hennes överdrivna planerande inte kan genomföras. Dessa händelser kan sannolikt ses som betingade stimuli, med förmåga att väcka automatisk sympaticus.

BS = Jämbördiga medtävlare i startfältet, SM-tävling

BS= Ändrade planer

BS= Ett "misslyckande", misslyckad tävling

De överskott och underskott på beteenden som Johanna uppvisar måste ha förstärkningar. Vilka?

BS —— *triggar* —— **BR/S⁻** —— *gör att* —— **R** —— *för att/leder till att* —— **K⁻**

| Misslyckad/ | Sympaticus/"Jag är | Planerar extra | Slippa värde- |
| ändrade planer | värdelös" (mår dåligt) | | löskänsla |

Att planera extra och för perfektion ger Johanna tillfälligt lugn (säkerhetsbeteende), men detta ger henne mera olust på sikt på grund av respondent betingning. Misslyckaden och ändrade planer blir därför ännu mera ångestväckande i framtiden. När Johanna ska tävla och är knapp favorit – har jämbördiga motståndare, som vid SM, triggas hennes olust och osäkerhet, vilket gör henne angelägen att lugna sig.

BS —— *triggar* —— **BR/S⁻** —— *gör att* —— **R** —— *för att/leder till att* —— **K⁻**

Jämbördiga med-	Sympaticus/"Tänk om	Ger inte allt/	Slippa få
tävlare/SM	jag tar i max och miss-	blir passiv	svart på vitt
	lyckas" (mår dåligt)		att jag är dålig

Genom att inte ge allt riskerar inte Johanna att få reda på att hon verkligen är så dålig, som hon befarar. Samtidigt kan hon trösta sig med att "jag hade nog vunnit om jag tagit ut mig helt". Detta är ett undvikande som gör henne ännu räddare för att tävla mot jämbördiga och på SM-tävlingar genom respondent betingning.

Hon kommer dessutom att få ännu flera tankar av typen "jag är värdelös", genom att hon tar dessa olusttankar på allvar och bekämpar dem med sina säkerhetsbeteenden – planerar extra och inte ger allt.

4 Använd analysen för att påverka beteendet

Vilka åtgärder ska vi tillgripa för att få Johanna att minska sina beteendeöverskott och öka sina beteendeunderskott?

Förslag till åtgärder för att förmå Johanna att ändra sitt beteende:

1. Berätta för henne om analysen och hör om hon tycker att den stämmer. Inser hon att hon är rädd för att få svart på vitt beträffande sin form och prestationsförmåga? Förstår hon att det är värst när hon har favoritskapet på sina axlar eller vid tävlingar då hennes kapacitet ställs på synligt prov, som då hon varken är överlägsen eller underlägsen. (**Syfte:** *Förståelse för hur problemet fungerar kan bli en etablerande omständighet [EO] som gör det förstärkande att förändra beteendet och utmana sitt problem och ta risken att visa sig inte hålla måttet.*)

2. Om hon förstår och tar till sig förklaringen (EO ovan): Klargör att hon inte kommer att

bli lugn inför dessa situationer (SM och jämbördigt motstånd), så länge hon ägnar sig åt säkerhetsbeteenden (planera noga och köra passivt). Hon måste våga ge allt och ta risken att förlora och få svart på vitt att hon kanske inte är bättre än hon är. (*Syfte:* Exponering *med responsprevention och tillvänjning/habituering av det värsta – att inte hålla måttet.)*

3. Strunta i att vara noga med planeringen och slarva gärna avsiktligt med den. Lämplig attityd: "Det blir som det blir" och sedan ge allt vid alla tävlingar och i konkurrens med jämbördiga: "Ta risken att avslöja för dig själv, att du kanske inte är bättre än så här." (*Syfte: Responsprevention genom att avstå alla säkerhetsbeteenden.)*

4. Gör klart att det är normalt att vara nervös och må dåligt och att dessa känslor måste accepteras. Hon måste chansa/riskera att det kan "gå åt skogen", när hon verkligen ger allt. Acceptera att hon mår dåligt och kan göra sig själv besviken. (*Syfte: Etablera omständigheten acceptans, vilket gör det lättare att inte låta sig styras av negativ förstärkning – och istället avstå överskotten och öka underskotten. Acceptans ökar motivationen för att genomföra responspreventionen och avstå från säkerhetsbeteendena. Få henne att bete sig som om hennes problem inte funnes, så att motbetingning kan ske.)*

5. Lämpligt motto för Johanna: "Man blir inte modig av att bete sig fegt." (*Syfte: Hjälpsam metafor som kan göra det lättare att ändra sitt beteende och trotsa rädslan.)*

6. Mät eller registrera beteenden före, under och efter. Förslagsvis genom att hon efter tävling bedömer hur mycket hon tagit ut sig på en skala 1 till 100, samt att mäta hur mycket tid hon sitter med sin träningsplanering. (*Syfte: Registreringarna gör det i det här fallet möjligt att se om hon verkligen riskerar att göra bort sig, vilket bäddar för att problemet löses.)*

Den arga bandyspelaren

Jens är bandyspelare. Under matcher har han ofta ett negativt och aggressivt språk och kroppsspråk. Han skriker på både motståndare och lagkamrater. Jens tränare upplever detta som ett stort problem. Han beskriver det som att när Jens inte får en passning, när han själv tycker att han ska ha den, så kan han slå ut med armarna och skaka på huvudet. Gesten är riktad till den lagkamrat som inte passade honom. Ibland kan det också vara så att han blir arg även när han får en passning, om han upplever att det är en dålig passning. Då kan han också skrika åt sin lagkamrat. Hans aggressiva beteende har gjort att vissa av hans lagkamrater passar honom hela tiden, eftersom de är rädda för vad som kan hända annars och andra lagkamrater passar honom inte alls, eftersom de är oroliga för att de ska missa passningen till honom och är då rädda för vad som kan ske. Han är även föraktfull mot sina motspelare. Allt detta har blivit ett bekymmer som hämmat spelet och försämrat lagets prestation.

1 Topografisk analys (Jens)

Vilka beteenden hos Jens är det som orsakar problem för laget?

	Överskott	Underskott
Motoriska beteenden	*Gapar, skriker aggressivt till sina lagkamrater* *Gestikulerar nedsättande* *(visar uppgivenhet, förakt, är anklagande mm.)* *Skriker glåpord* *Beter sig föraktfullt gentemot sina motspelare* *Skyller ifrån sig när han själv missar*	
Kognitiva beteenden		*Förståelse för och insikt i hur hans kamrater upplever hans beteende på planen*
Autonoma beteenden	*Aggressiv/upprörd*	

2 Registrera beteenden

Välj att mäta överskottsbeteenden, som kan observeras från bänken såsom; förnedrande gester (som antyder att Jens anser någon vara idiot), förebrående anklagelser, skällsord/glåpord och gester.

3 Beteendeanalys

De överskott och underskott på beteenden (R) som Jens har, måste ha sina förstärkningar. Annars skulle de upphöra. Vad triggar Jens ilska (BS)? Vilka är förstärkningarna?

BS = Utebliven passning till honom

BS = "Dålig" passning

BS = Motspelare tar bollen av honom

BS = Missar att göra mål

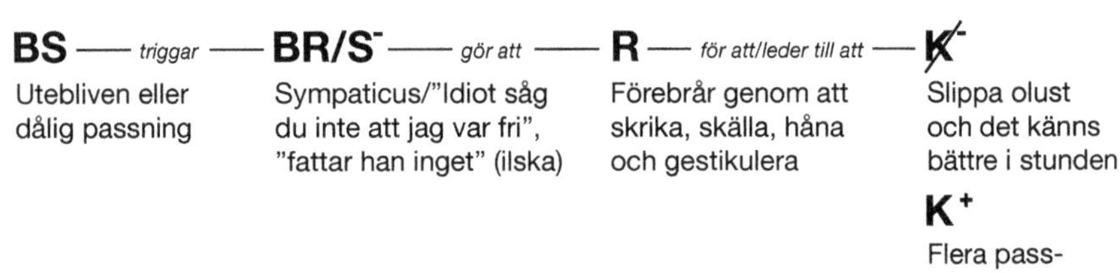

Jens har ett mycket hetsigt humör eller som vi hellre vill uttrycka det; han får lätt sympaticuspåslag, är "lätt-triggad" det vill säga han är autonomt reaktiv eller labil. Jens har fått en rad betingade stimuli på grund av att han använt sina säkerhetsbeteenden såsom att skälla, härja, vara arrogant och nedsättande (respondent betingning). Säkerhetsbeteenden behöver alltså inte handla om att ge säkerhet i någon objektiv mening, utan kännetecknande för dem är, att de tillfälligt sänker sympaticusnivån (negativ förstärkning). Det gör även aggressiva beteenden – "de lättar på trycket" eller "ångan släpps ut".

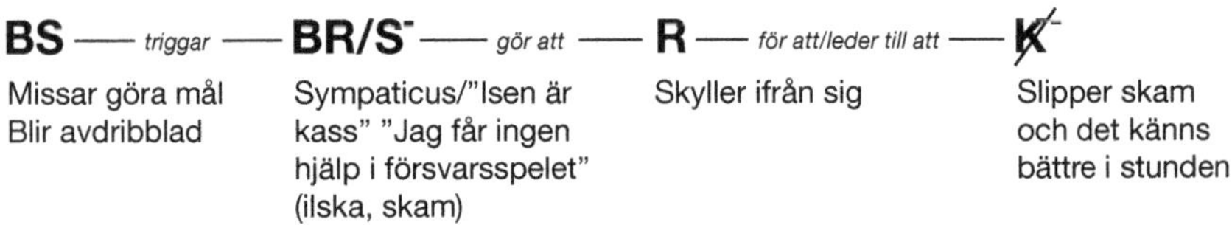

4 Använd analysen för att påverka beteendet

Till skillnad från tidigare tillämpade fall och analyser så är problemet inte oro eller nervositet utan aggressivitet. Utifrån inlärningspsykologiskt perspektiv är detta ingen skillnad. Den känsla som skapas av sympaticus plus aggressiva tankar blir ilska. Ilska gör att han använder andra säkerhetsbeteenden, aggressiva beteenden för att få minskad sympaticus.

Förslag till åtgärder för att förmå Jens att ändra sitt beteende:

Presentera det åtgärdpaket som du avser genomföra, för att göra hans oönskade beteenden mindre förstärkta – helst meningslösa eller till och med kostsamma för honom. Det är uppenbart att risken för domslut som kan drabba honom inte är tillräckligt avskräckande, för att han ska förändra sitt beteende.

1. Berätta för Jens om analysen och förklara vilka beteenden som inte kan accepteras på planen. Han får inte skrika eller gestikulera förnedrande på planen över huvud taget. (*Syfte:* *Instruktion om vikten av att hålla sig till gällande regler. Jens måste låta sitt beteende styras av regler/tankar tills de nya beteendevanorna är etablerade och förstärkta. Till en början måste hans beteende vara tanke och regelstyrt (S) då det ännu inte är förstärkningsstyrt (K). Det slutliga målet är att hans nya beteenden senare ska vidmakthållas av naturliga och spontant förekommande förstärkning.*)

2. Diskutera med Jens om hur andra kan tänkas uppfatta och påverkas av hans oförskämda utrop och gester. (*Syfte:* *Träning i empatiskt tänkande.*)

3. Förklara att det är bestämt att övriga i laget fått order att inte passa honom om han skriker aggressivt, nedlåtande eller gestikulerar på ett respektlöst sätt. Det spelar ingen roll vilket läge han är i. Alternativt blir han tagen av planen för resten av matchen. (*Syfte:* *Ge information om att förstärkning uteblir om överskottsbeteenden används – utsläckning. Otroligt viktigt att denna punkt följs, annars sänks trovärdigheten.*)

4. Skriker Jens för att få passning på acceptabelt vis, gör tränaren en registrering. Man går efter matchen igenom markeringarna tillsammans. Tränaren kan även skrika berömmande när Jens påkallar uppmärksamhet på tillåtet sätt. (*Syfte:* *Omedelbar förstärkning på önskvärt beteende.*)

5. Förklara för Jens varför han ska ändra sitt beteende på planen. "Man blir mera upprörd i situationen om man ger fritt utlopp för sin frustration. Men lite lugnare blir man genom att bete sig som om man redan vore lugn." (*Syfte:* *Att påminna honom om att känslor endast kan påverkas lite i stunden och det sker genom att man beter sig som om man vore lugnare än man känner sig: Move your ass and your mind will follow. Detta är en EO för att öka förstärkningen för honom att tona ner och ändra det aggressiva beteendet.*)

Resultatet av åtgärderna ovan blir exponering med responsprevention för Jens. Responspreventionen består i att han måste hålla tand för tunga och inte bete sig aggressivt när upphetsningen (sympaticusreaktionen) triggas igång. Då Jens inte släpper ut ångan vid frustration genom att skrika och håna (säkerhetsbeteenden), kan motbetingning ske och Jens får allt mindre påslag av sina betingade stimuli ju duktigare han blir att bete sig lugnt trots frustration (sympaticus).

6. *Om åtgärderna ovan inte fungerar tillfredsställande – byt omedelbart ut Jens vid första "övertramp mot reglerna" vid match. Vid träning – låt honom sitta på bänken 10 minuter. (**Syfte:** Utsläckning då hans aggressiva beteenden inte längre ger samma förstärkning och istället kostar honom, att han inte längre får vara med.)*

7. *Förklara åter syftet med alla åtgärder och vad som krävs av honom, så att han kan börja göra rätt redan från start. (**Syfte:** För att sätta kraft bakom beteenderegel i punkt 1 ovan.)*

8. *Mät eller registrera beteenden före, under och efter exempelvis aggressiva skrik och gester på planen, men även acceptabelt rop på passning.*

Den mest effektiva påverkan på operant beteende når man, om man ändrar förstärkningsmöjligheterna så att det inte längre ger förstärkning då man beter sig "fel" och därefter informerar om de förändringar som kommer att inträda som konsekvens på hans beteenden – såväl oönskade beteenden som de önskade. Därefter måste de nya reglerna tillämpas 100 procentigt. Ingen "rabatt" och inga avsteg kan tillåtas, för då förloras den framtida trovärdigheten.

Relationer som skapar stress

Lina är 17 år och tävlingscyklist. Hon berättar att hon nästan varje dag känt ångest på sistone. Vid ett par tillfällen har det också kulminerat i panikattacker. Inför tävlingar har det hänt att hon skakar och gråter. Hennes stressnivå har också lett till att hon har magkatarr som hon medicinerar för.

Lina beskriver att hon är ambitiös och duktig både i skolan och i sin idrott. Hon menar att hon redan som barn har haft toppbetyg och att hon vill hålla den nivån även på gymnasiet. Betyg och resultat är viktiga för henne och för hennes föräldrar. Om hon mår lite sämre så vill hon må bättre genom att vinna en cykeltävling eller att få bra betyg på skrivningar, för då blir föräldrarna glada.

Lina upplever också bekymmer med sina nyskilda föräldrar. Hon tycker att mamman inte bryr sig om att hon mår dåligt. Hon känner inget känslomässigt stöd från mamman. Detta har gjort att hon tagit avstånd från sin mamma. De bor i samma hus men pratar knappt med varandra. Enligt Lina är det ingen idé, eftersom hon ändå inte bryr sig.

Linas pappa har träffat en ny kvinna med familj. Han tjatar om att hon ska träffa "sambon" och hans nya familj, men det känner inte Lina för. I stället har tjatet fått motsatt effekt och hon försöker undvika släktträffar på pappans sida. Både relationen med mamma och pappa skapar problem. Hon känner frustration och irritation de gånger då de umgås.

För några månader sedan gjorde hon också slut med sin pojkvän. En pojkvän som cyklar i samma klubb och till och med i samma träningsgrupp. Till råga på allt har han nu börjat umgås med en annan cykeltjej, en tjej som Lina brukar tävla emot.

1 Topografisk analys (Lina)

Vilka beteenden hos Lina är det som orsakar och har samband med hennes mående?

	Överskott	Underskott
Motoriska beteenden	*Träna* *Prestera på topp* *Plugga*	*Träffa mamma* *Träffa pappa och hans nya familj* *Tävla* *Mäta sig med expojkvännens nya tjej*
Kognitiva beteenden		*"Acceptera att man kan prestera mindre bra och ändå vara OK"*
Autonoma beteenden	*Panikattacker/skakar*	

2 Registrera beteenden

Lämpliga överskott och underskott att mäta som kan ge information om hon följer behandlingen: Antal träningstimmar per vecka, registrera då hon ringer/talar med mamma respektive pappa eller då hon träffar pappans nya familj.

3 Beteendeanalys

De överskott och underskott på beteenden som Lina har, måste ha förstärkningar, annars skulle de upphöra. Vad triggar igång hennes känslor?

BS = Tala med mamma

BS = Umgås med pappa och hans nya familj

BS = Expojkvännens nya tjej/tävla mot henne.

Vilka omständigheter gör hennes behov av att må bättre större – ökar förstärkningsvärdet hos hennes undvikanden?

EO = "Det enda mina föräldrar ser hos mig är mina prestationer."

EO = Mår ständigt dåligt, ständigt stressad (hög sympaticusnivå).

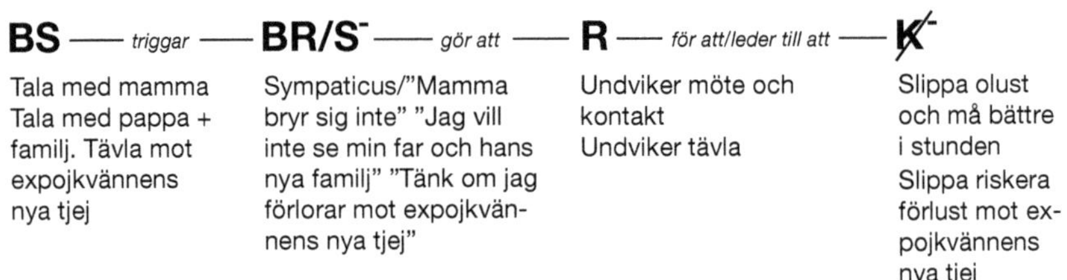

BS —— *triggar*	BR/S⁻ —— *gör att*	R —— *för att/leder till att*	K⁻
Tala med mamma Tala med pappa + familj. Tävla mot expojkvännens nya tjej	Sympaticus/"Mamma bryr sig inte" "Jag vill inte se min far och hans nya familj" "Tänk om jag förlorar mot expojkvännens nya tjej"	Undviker möte och kontakt Undviker tävla	Slippa olust och må bättre i stunden Slippa riskera förlust mot expojkvännens nya tjej

Lina använder sitt undvikande för att inte må dåligt. Om hon inte träffar sina föräldrar slipper hon att bli upprörd.

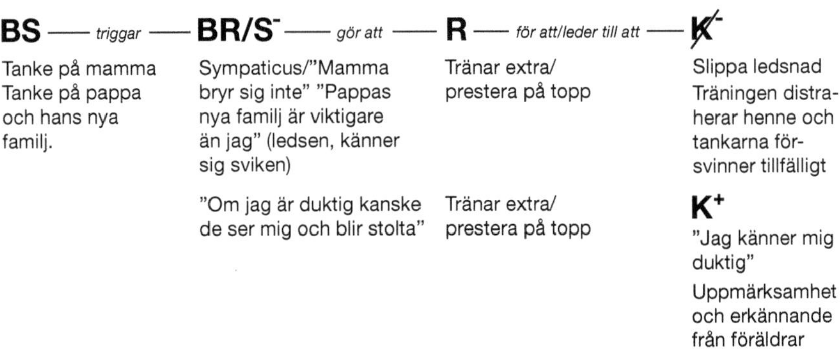

BS —— *triggar*	BR/S⁻ —— *gör att*	R —— *för att/leder till att*	K⁻
Tanke på mamma Tanke på pappa och hans nya familj.	Sympaticus/"Mamma bryr sig inte" "Pappas nya familj är viktigare än jag" (ledsen, känner sig sviken)	Tränar extra/ prestera på topp	Slippa ledsnad Träningen distraherar henne och tankarna försvinner tillfälligt
	"Om jag är duktig kanske de ser mig och blir stolta"	Tränar extra/ prestera på topp	K⁺ "Jag känner mig duktig" Uppmärksamhet och erkännande från föräldrar

Hon kan inte låta bli att tänka på mamma och pappa och när tankarna kommer upp, mår hon sämre. Genom att träna höjer hon sympaticusnivån genom fysisk ansträngning. Sympaticus av ansträngning upplevs angenämare än att ha sympaticus ihop med tråkiga tankar (ångest, ledsnad, sorg).

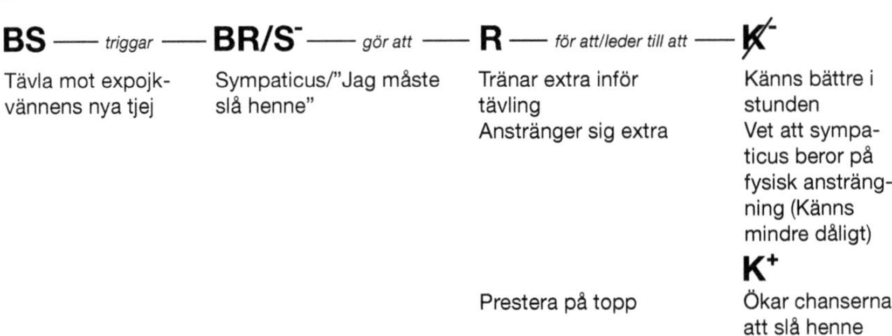

BS —— *triggar*	BR/S⁻ —— *gör att*	R —— *för att/leder till att*	K⁻
Tävla mot expojkvännens nya tjej	Sympaticus/"Jag måste slå henne"	Tränar extra inför tävling Anstränger sig extra	Känns bättre i stunden Vet att sympaticus beror på fysisk ansträngning (Känns mindre dåligt) K⁺
		Prestera på topp	Ökar chanserna att slå henne

Tanken på att slå expojkvännens nya tjej ger henne en extra förstärkning förutom att hennes "må dåligt" också lindras och känns bättre efter kraftig fysisk ansträngning.

4 Använd analysen för att påverka beteendet

I Linas fall fungerar träningen som en dövare av stress (sympaticus). Hon använder det för att lindra sitt dåliga mående. Hon använder träningen som ett säkerhetsbeteende på samma vis som andra skulle kunna ta en lugnande tablett. Ju mera hon använder träningen på detta vis desto jobbigare kommer hennes BS att bli (respondent betingning). Det kommer alltså att kännas allt svårare att träffa mamma och tanken på att träffa pappas nya familj kommer att bli mera ångestladdad genom respondent betingning.

Förslag till åtgärder för att förmå Lina att ändra sitt beteende:

1. Berätta för Lina om analysen och förklara hur du tror att hennes "må dåligt" sannolikt blir allt sämre på grund av att hon använder sin träning på detta vis (**Syfte:** *Bra om hon förstår att hennes tränande har förstärkningen [funktionen] att må mindre dåligt samt eventuellt för att få föräldrarnas uppmärksamhet och gillande.*)

2. Diskutera de långsiktiga konsekvenserna av att alltid vara duktig och hur det ställer till det för henne och undervisa hur det går till när det försämrar hennes mående. Visa på att hennes föräldrar har format "shapat" henne att alltid anstränga sig alltmera för att ge uppmärksamhet (förstärkning) och att endast mycket goda prestationer historiskt lett till att föräldrarna sett och berömt henne. Nu känner hon sig bortglömd av såväl mamma som pappa och då tar hon till det gamla invanda beteendet för att få deras intresse och positiva kontakt. (**Syfte:** *Att med detta resonemang förändra hennes syn på att topprestera. Resonemanget avser att skapa en etablerande omständighet [EO], som gör att det inte längre ska vara så förstärkande eller viktigt att topprestera och därmed få ett mera avspänt förhållande till resultaten. Acceptera [EO] att hon inte alltid måste prestera på topp.*)

3. Hon måste aktivt söka upp och möta sina föräldrar. Anstränga sig att aktivt tala med dem och berätta om sig själv, sina tankar och sina problem – inte om sina prestationer. På det viset får hon förhoppningsvis uppleva att topprestationer inte är den enda vägen att vinna deras uppmärksamhet och gillande. Hon kommer även att få en mindre stressfylld och prestationsinriktad relation till såväl idrotten som skolan. På sikt kommer detta att göra att hon mår bättre.(**Syfte:** *Exponering för BS.*)

4. Få henne avstå från att träna extra, i varje fall när hon mår dåligt. Ska hon träna extra då ska det ske, när det inte kan fungera som en lindring av stress/ångest (dvs. sympaticuslindring). (**Syfte:** *Responsprevention – avstå från att träna när hon mår dåligt.*)

5. Hon bör dessutom uppmuntras att ta risken att förlora mot expojkvännens nya tjej. "Kärleken avgörs inte på cykelsadeln eller av ett tidtagarur" är ett lämpligt mantra. (**Syfte:** *Etablerande av ny omständighet, som ska göra det mindre bestraffande för henne att förlora mot sin rival.*)

6. Mät eller registrera beteenden före, under och efter. Exempelvis mäta träningstid, antal samtal med mamma och kontakter med pappa.

Fotbollsspelare med dåligt självförtroende

Cissi är 26 år och fotbollsspelare. Hon beskriver det som att hon är inne i en svacka i sitt fotbollsspelande. Senaste månaden har inget stämt för henne på fotbollsplanen och hon säger, att hon har dåligt självförtroende. Hon beskriver det som att hon har fått många negativa tankar kring att inget fungerar längre och att hon är misslyckad. När hon pratar om vad som händer på planen så säger hon själv att hon slutat vilja ha boll, att hon ställer sig i passningsskugga. Hon går inte in i närkamper utan hon håller upp spelet och försöker täcka ytor. Dessutom har hon helt slutat att utmana. Hon passar bollen direkt när hon får den och gärna en passning bakåt till en medspelare som är förhållandevis lätt att passa till. När hon hade bra självförtroende pratade hon på planen och styrde och ställde mycket med sina medspelare, men det har hon helt slutat med. Nu är hon istället tyst och passiv.

1 Topografisk analys (Cissi)

Det Cissi klagar över är sitt självförtroende och det är det hon vill ha hjälp med. Självförtroende är hur man ser på sig själv och de prestationer man har åstadkommit. Det man verkligen gör, skapar tankar om hur man är. Move your ass ...

Vilka beteenden har fått henne att tro att hon är dålig? Vad gör hon för beteenden som hindrar henne från att se att hon kan göra saker, som möjligen kan visa henne själv att hon verkligen kan lyckas. Vilka är hennes beteendeöverskott?

Vilka motoriska beteenden avstår hon ifrån som har att göra med hennes dåliga självförtroende. Vilka är hennes beteendeunderskott?

	Överskott	Underskott
Motoriska beteenden	*Vara i passningsskugga* *Snabbt göra sig av med bollen* *Passa bakåt* *Hålla upp spelet och täcka ytor* *Prata om hur värdelös hon känner sig och hur dåligt det går*	*Visa sig och ropa på att få passning* *Aktiv på planen* *Gå in i närkamper* *Gå till anfall själv/utmana* *Instruera och styra på planen, påverka sina medspelare*
Kognitiva beteenden	*"Jag är dålig"*	
Autonoma beteenden	*Känner sig "kraftlös"*	

Vi får inte lockas till att försöka få henne att direkt börja tänka mer förtroendefullt om sin förmåga, för då hamnar vi i att trösta och återförsäkra henne med exempelvis att hon "bara är i en svacka" eller "tillfälligt är ur form". Detta är bara att träna upp henne i att trösta sig själv och därmed att hamna i ältande. Det enda som kan övertyga henne om att hon vågar, är att bete sig modigt och självförtroendemässigt.

2 Registrera beteenden

Exempel på registreringar är antalet beslutsamt tagna närkamper av möjliga i match och antalet gånger hon ropar på att få boll samt antalet bollinnehav som är längre än två sekunder.

3 Beteendeanalys

Vad vidmakthåller de beteendeöverskott som Cissi har? Och vad får henne att avstå från alla värdefulla beteenden hon tidigare hade och som gjorde henne till en bra fotbollsspelare?

Situationer som väcker stress hos Cissi;

BS = Få/ha bollen

BS = Situationer där hon förväntas agera

BS = Minnet av den senaste matchen

BS —— *triggar* —— **BR/S⁻** —— *gör att* —— **R** —— *för att/leder till att* —— **K̸⁻**

BS	BR/S⁻	R	K̸⁻
Få bollen, komma i situation där det förväntas att jag ska ta initiativ	Sympaticus/"Tänk om jag misslyckas", "jag klarar det inte", "det kommer inte att funka"	Passar snabbt bollen Står i passningsskugga Undviker närkamper Undviker att utmana Passar bakåt	Känns bättre i stunden Riskerar inte att göra bort mig

Bollen har nu blivit ett BS (för "het" för att hålla i) som automatiskt triggar hennes sympaticus. Detta har skett genom alla hennes undvikanden och övriga säkerhetsbeteenden, som bäddat för respondent betingning.

Genom att inte ta sig an utmaningar riskerar hon inte att göra bort sig. Hon får omedelbar negativ förstärkning, men ser då samtidigt till att hon inte får chansen att göra bra ifrån sig. Hennes beteende förhindrar att "självförtroendet" kan få sig en puff uppåt. Resultatet av beteendeöverskott och underskott är att hon får ytterligare en misslyckad match bakom sig och hon har inte gjort något för att förändra synen på sig själv.

Cissi får förstärkning från andra då hon pratar ner sig själv (åtminstone till en början). Hon får tröst och detta förstärker henne att prata ner sig ännu mera och till allt flera personer.

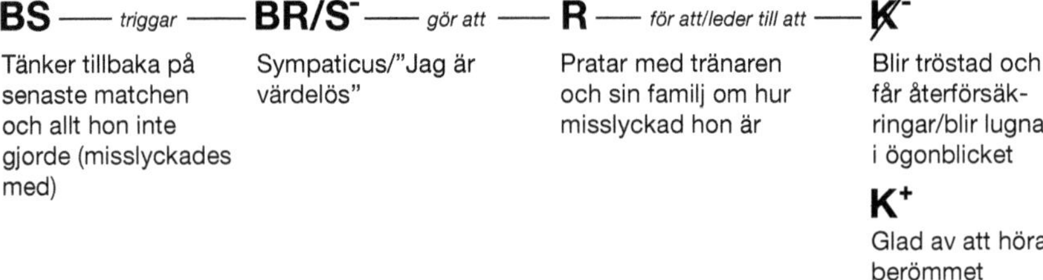

BS —— *triggar* —— **BR/S⁻** —— *gör att* —— **R** —— *för att/leder till att* —— **K̸⁻**

BS	BR/S⁻	R	K̸⁻
Tänker tillbaka på senaste matchen och allt hon inte gjorde (misslyckades med)	Sympaticus/"Jag är värdelös"	Pratar med tränaren och sin familj om hur misslyckad hon är	Blir tröstad och får återförsäkringar/blir lugnad i ögonblicket **K⁺** Glad av att höra berömmet

På egen hand fortsätter hon sedan att älta och grubbla. För varje olusttanke som dyker upp i hennes huvud, kommer hon att försöka hitta egna tröstande förklaringar och lösningar på. Hon försöker att påverka sitt självförtroende genom sitt tänkande, men man kan aldrig bevisa att man är duktig på att spela fotboll genom att tänka. Move your ass …

4 Använd analysen för att påverka beteendet

Cissi kan endast bli övertygad om att hon kan spela fotboll, genom att göra det på det sätt hon gjorde tidigare. Hon måste således avstå från alla undvikanden och öka sina underskottsbeteenden och upphöra med sina överskottsbeteenden. Helt enkelt att spela fotboll utan att bry sig om att det kan bli fel och att det inte alltid blir perfekt.

Förslag till åtgärder för att förmå Cissi att ändra sitt beteende:

Upplägg av behandling och hur du som tränare ska agera:

1. Berätta för Cissi om analysen och förklara hur du tror att hennes "dåliga självförtroende" och hennes misslyckanden beror på att hon ändrat sitt beteende på planen. Som hon nu beter sig, tar hon inte chansen att göra bra ifrån sig, göra mål, göra brytningar, göra öppnande passningar osv. Hennes nuvarande beteende gör henne till en garanterat misslyckad spelare, vilket hon faktiskt inte är. Hon måste ta risken och ändra sitt beteende för att åter få möjlighet att lyckas. Detta resonemang är ett försök att etablera en omständighet (EO) som gör det mera förstärkande att återuppta sitt gamla frimodiga beteende på planen och att ta risken att misslyckas och samtidigt få möjligheten att lyckas. (***Syfte:*** *Utsätta sig för risken att misslyckas (exponering för BS) och samtidigt få chansen att göra fina insatser i spelet, men detta får inte bli viktigt. "Det blir som det blir".*)

2. Låt Cissi berätta hur hon agerade när hon hade "gott självförtroende". Ta detta som utgångspunkt när du talar om vilka beteenden du vill se hos henne från och med nu. Visa den topografiska analysen och precisera beteendena. (***Syfte:*** *Instruktioner om vad som är önskvärda beteenden, vilket är att etablera omständigheter som gör det mera förstärkande att chansa och göra sådant som hon undvikit.*)

3. När hon återupptar beteenden på planen som det varit underskott på, ge henne förstärkning genom att visa att du märker att hon börjar ändra sitt beteende. Beröm inte prestationen om det inte är befogat, utan i detta skede ska du bara visa att du ser att hon prövar att minska sina överskott och öka sina underskott. (***Syfte:*** *Förstärkning på att exponera sig för det hon är rädd för (BS) – att utmana sina rädslor.*)

4. Förklara att du inte vill höra henne prata ner sig själv och klaga över dåligt självförtroende. Om hon fortsätter med detta säg: "Du vet att ditt självförtroende inte blir bättre än det du gör på planen. Jag vill inte tala mera om detta, för det är inte hjälpsamt för dig, tvärtom." (***Syfte:*** *Det enda hon vinner på att prata ner sig själv är att andra – tränare med flera – återförsäkrar henne att hon är duktig. Detta fungerar som positiv förstärkning på hennes negativa självprat. Hon kommer att tala mera negativt om sig själv för att få mera återförsäkringar och slutligen tror hon på allt negativt som hon säger om sig själv. Ältare låter sig inte övertygas av omgivningens återförsäkringar utan sänks alltmera av dem. Vägen ur det nedsättande självpratet är att bete sig som om man trodde på sig själv – move your ass and your mind will follow. Återförsäkringar från andra och egna tröstetankar håller endast liv i det plågsamma ältandet.*)

5. Registrera ett antal av de beteenden du vill se mer av, exempelvis antalet närkamper, rop på planen. Visa statistiken för henne efter det hon varit i spel. Beröm hennes förändringar i beteendet, visa gärna de lovande registreringarna. (***Syfte:*** *Förstärkning på att fortsätta exponera sig.*)

Besvikelse och raseri på planen

Jonathan är 21 år och badmintonspelare. När han var 11 år gammal provade han badminton på en friluftsdag och tyckte att det var roligt. Därefter har Jonathan tränat mer och mer för varje år och även varit framgångsrik i ett nationellt perspektiv. Han har bland annat ett SM-guld. Redan som 15-åring hade han en tendens att bli frustrerad under matcherna. Under åren har detta byggts på och idag kan han få riktiga utbrott när det är match. Ibland går det så långt att han slänger, eller bryter av sin racket. Han har också sparkat iväg sin vattenflaska och skrikit svordomar till sig själv. Vissa av dessa förseelser har lett till disciplinära åtgärder, men ändå har han inte slutat bete sig aggressivt. Frustrationen kommer när han upplever att han gör enkla misstag och spelar dåligt. Om han exempelvis slår ut en enkel boll eller servar i nät, då blir han frustrerad på sig själv. Oftast leder detta till att han blir stressad i sitt spel och att han försöker justera i matchplanen. Han vill rätta till misstagen. Gör han det så blir resultatet vanligen att han presterar ännu sämre vilket leder till ännu mera frustration. Jonathan berättar att han har höga krav på sig själv och att han alltid vill prestera bra.

1 Topografisk analys (Jonathan)

Vilka beteenden gör Jonathan på planen när han blir frustrerad, irriterad och besviken?

	Överskott	Underskott
Motoriska beteenden	*Slänger racketen* *Bryter sönder racketen* *Sparkar vattenflaska* *Skriker svordomar* *Spelar på stressat sätt*	*Acceptabla aggressionsbeteenden – vilka?* *(Diskuteras fram som en del av behandlingen och lämplig inlärningsmetod väljs om nödvändigt)*
Kognitiva beteenden	*"Usch vad dålig jag är"* *"Vad håller jag på med"* *"Hur kunde jag missa det där"*	
Autonoma beteenden	*Ilska (sympaticusreaktion)*	

2 Registrering

Det torde vara lätt att hitta beteenden att registrera. Svordomar, skrik, slänga racketen med flera är beteenden som ska minskas. När man hittat alternativa och acceptabla frustrationsbeteenden kan även dessa registreras för att mäta ökning.

3 Beteendeanalys

Jonathan har tydliga betingade stimuli (BS) som triggar hans sympaticus.

BS = Egna misstag

BS = Eget slarv

BS = Retliga och onödiga missar

4 Använd analysen för att påverka beteendet

Jonathan erbjuds en modifierad ART-insats (Aggression Replacement Training). Då han är medveten om att hans beteende är oacceptabelt och att det endast förstör för honom själv och retar domare och motspelare satsas ingenting på den kognitiva delen, utan istället gäller det att hitta alternativa frustrationsbeteenden (R). Dessa bör helst vara inkompatibla med de beteendeöverskott han har för närvarande.

Den andra delen i behandlingen riktas mot att lära honom att känna igen tidiga tecken på stigande sympaticus, för att stoppa att humöret skenar iväg så tidigt som möjligt. Detta är impulskontroll.

Förslag till åtgärder för Jonathan att ändra sitt beteende – "häftiga humör":

Frågan är om Jonathan blir tvärilsk direkt eller om hans sympaticus stegras av flera missar. Sannolikt är han stressad (sympaticus) redan från början. Ju viktigare match desto högre startsympaticus, men sedan byggs sannolikt sympaticusnivån på steg för steg. I takt med detta blir hans spel allt sämre vilket ökar risken för flera misstag.

1. Jonathan måste lära sig att känna igen risksituationerna. Titta tillsammans med honom på hans idrottshistoria för att konstatera när risken för "utbrott" är störst. (**Syfte:** *Medvetenhet om när risken för utbrott är stor, gör att han "kan hålla upp garden" och vara särskilt vaksam på sina känslor i dessa situationer. Del i impulskontrollen.*)

2. Diskutera noga igenom med honom vad han känner och tänker innan utbrotten "blommar ut". Sannolikt kan han rapportera att han blir precis "kall", "inte kan tänka klart", "det knyter sig i magen" eller något annat. Försök att gå bakåt och hitta ännu tidigare tecken. Instruera honom att han ska leta efter dessa tecken under match, så att han hinner välja alternativa beteenden. (**Syfte:** *Att lära honom att känna de tidiga inre signalerna. Det gör att han enklare och medvetet kan hejda sina överskottsbeteenden innan sympaticusnivån har kommit alltför högt. Ett knep för att öka impulskontroll.*)

3. Diskutera fram vilka alternativa beteenden han kan göra, när han blir frustrerad. Helst bör beteendena vara inkompatibla med överskottsbeteendena för att blockera dessa. Det är inte alltid möjligt att hitta sådana beteenden. De förslag man kom fram till här var att a) stenhårt fokusera på bollen, b) acceptera gjorda misstag med att viska ett kort "skit samma" för sig själv, c) spela vidare som om inget hänt – serva eller ställa upp för att ta emot serven. (**Syfte:** *De beteenden som valdes är inkompatibla med att skrika, svära, kasta*

racketen osv. Ersätta ("Replacement") aggressiva beteenden. Man valde att registrera bete-endet att omedelbart ställa upp för fortsatt spel. Registeringarna kan i sin tur användas för positiv förstärkning efter setet eller matchen. Jonathan bedömde att han redan behärskade de valda beteendena, så någon nyinlärning behövdes inte.)

4. Videofilma matcherna och titta på de kritiska situationer då utbrott var en risk, men där han lyckats bete sig rätt. (**Syfte:** *Självimitation är positivt förstärkande och ökar tilltron till den egna förmågan – self-efficacy.*)

5. Notera antalet gånger han slänger eller slår sönder racket, sparkar på vattenflaskan eller svär. Gå igenom dessa beteenderegistreringar och beröm honom för hans framsteg efter match. (**Syfte:** *Positiv förstärkning av önskvärda beteenden.*)

Den perfekta

Elin är 18 år och går sista året på skidgymnasiet. Hon beskriver att hon har dålig självkänsla. Hon känner sig nästan aldrig nöjd med sig själv även om hon vet att hon är duktig i både skolan och idrotten. Trots toppbetyg och goda idrottspre-stationer känner hon sig oftast illa till mods. Visst, i stunden känns det skönt när hon får tillbaka ett prov med alla rätt eller när hon vunnit en skidtävling, men det är bara kortsiktigt.

Hon tvivlar ofta på sig själv och funderar mycket på vad andra ska tycka och tänka om henne. Hon utgår från att hon alltid måste vara på topp för att känna sig värdefull och för att vara omtyckt av andra. Hon pluggar extra och tränar extra, tränar och pluggar ofta istället för att umgås med kompisar. Hon upplever att kraven kommer både från henne själv och från omgivningen. Senaste året har det inneburit att hon upplevt en del rädsla kring att prestera dåligt både i skolan och idrottsligt. Hon säger också att hon måste göra bra skidprestationer närmaste året annars är det kört. Då kan hon lika gärna lägga ner skidåkningen.

Även skolan är viktig sista året. Hon måste få bra betyg.

Att vara bäst och perfekt är hennes strävan även som dotter, kompis och syster. Hon vill vara omtyckt av alla, är rädd för att göra andra besvikna – vill vara tillags.

1 Topografisk analys (Elin)

Vilka beteenden gör Elin för att lyckas och för att vara perfekt? Och vilka beteenden har samband med och styrs av hennes "mående"?

	Överskott	Underskott
Motoriska beteenden	*Pluggar* *Tränar* *Anstränger sig för att göra allt perfekt*	*Roa sig* *Säga nej*
Kognitiva beteenden	*"Man måste vara bäst för att bli omtyckt"* *"Om jag inte lyckas är jag värdelös"* *"Endast toppbetyg gäller"* *"Gör jag inte bra prestationer närmaste året är det kört"*	
Autonoma beteenden	*Sympaticus (rädsla)*	

2 Registrering

Lämpligt att mäta kan vara effektiv tid hon pluggar och tränar, antal gånger ute med kompisar och antalet gånger hon tackar "nej" istället för att vara till lags.

3 Beteendeanalys

Elin har tankar (grundantaganden) som är etablerande omständigheter som gör det "farligt" och bestraffande att "inte hålla måttet" eller att misslyckas. Och allt utom det perfekta är enligt hennes sätt att se det samma som misslyckanden. Det är därmed livsviktigt att vinna och att vara bäst. Det innebär att såväl överskotts- som underskottsbeteenden drivs av negativ förstärkning. Elin har aldrig roligt eller tycker att varken träning, tävling eller skola är något trevligt.

Elins starka känslor triggas av en rad olika BS.

BS = Tanke på tävling, läxförhör, prov

BS = Läsa, träna "för lite"

BS = Någon frågar henne om hjälp

Tankar/inställningar (EO) som gör att många av hennes beteenden drivs av negativ förstärkning är:

EO = "Man blir inte omtyckt om man inte är bäst"

EO = "Om jag inte lyckas är jag värdelös"

EO = "Endast toppbetyg gäller"

EO = "Gör jag inte bra prestationer närmaste året är det kört"

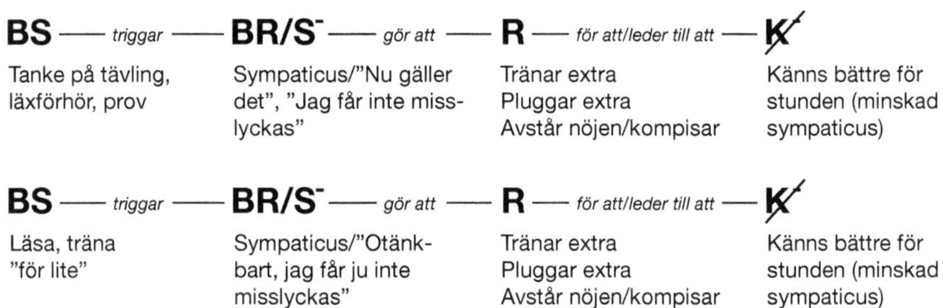

Det mesta Elin företar sig gör hon för att må mindre dåligt i stunden. Hon gör inget för att det är kul (självförstärkande). De långsiktiga konsekvenserna av detta är att hela livet blir tråkigt. Med de höga och orealistiska kraven (EO) hon ställer på sig, kan hon aldrig lyckas och bli nöjd med sig själv. Den som aldrig kan uppskatta sina resultat kommer till slut att bara se ner på sig själv – få dåligt självförtroende – då inget duger.

Elin är också rädd för att göra människor besvikna.

På sikt kommer belastningen på henne att öka, då hon inte förmår att säga "nej".

4 Använd analysen för att påverka beteendet

Elin måste förmås att minska alla sina överskottsbeteenden och att öka sina underskott, även om detta kommer att ge henne mycket olust (sympaticus) till en början. Hon måste förmås att träna mindre, plugga mindre och ta de besvikelser och det "må dåligt" som sämre resultat får till följd. Hon måste acceptera att inte längre vara bäst eller perfekt. Man kan aldrig börja tycka bra om sig själv om man hela tiden beter sig och behandlar sig själv, som om man var den sämsta av alla. På sikt kommer hennes resultat bli bättre även om det då inte är lika laddat att vara bäst längre. Elin måste också förmå sig till att säga "nej" även om hon tror att motparten blir besviken.

Förslag till åtgärder för Elin att ändra sitt beteende och därmed på sikt sitt mående:

1. Klargör sambandet mellan hennes sätt att se på prestationer och hennes prioritering av hur hon väljer att bete sig. Hennes värderingar (EO) får henne att bete sig som om hon måste vara bäst och duktigast för att duga. Fråga henne om bara den som är etta duger, för två personer kan ju aldrig vara bäst samtidigt. Fråga om hon ser ner på dem som är sämre än hon själv. Fråga henne om de andra ser ner på henne om hon inte vinner, är perfekt och hur de ser på dem som inte är perfekta. (**Syfte:** *Försök att etablera nya omständigheter som kan göra det mindre bestraffande att inte vinna, inte ha alla rätt på prov, att acceptera att inte vara bäst. Detta gör det lättare för Elin att våga ändra sina beteenden och riskera att inte bli bäst eller perfekt. Det är den beteendeändringen som är den verksamma delen i behandlingen.)*

2. Fortsätt att diskutera hennes tankar (EO) om hur hon kommer att bli tråkig att vara tillsammans med, då hon hela tiden är bäst. Ingen tycker om att alltid vara i underläge, vara ständigt efter och att vara chanslös. (**Syfte:** *Försök att etablera ett nytt sätt att se på sig själv utifrån andra personers perspektiv. Detta blir ett nytt EO som gör det mera accepterat att inte vara bäst och kanske att det kan vara trevligt för andra att inte alltid vara sämre än hon. Om detta lyckas kommer det inte längre att vara förstärkande att alltid "spöa" alla andra och Elin kan få en mera avspänt förhållande till såväl skola som idrott och så småningom förhoppningsvis idrotta för positiv förstärkning istället för negativ förstärkning.)*

3. Ge henne uppgiften att registrera exempelvis all tid hon ägnar åt pluggande och åt träning (**Syfte:** *Selfmonitoring det vill säga att själv registrera sina beteenden, vilket automatiskt påverkar.*) och klargör att den tiden måste hon minska – under en tid. Kom gärna överens med henne om en maxtid per dag eller vecka, som kan krympas alltmera.

4. Ge Elin stegvis allt svårare uppdrag att avstå från de extra träningspassen inför tävling respektive det extra pluggandet inför prov. Att avstå träning och pluggande är BS. (**Syfte:** *Exponering med responsprevention.)*

5. Ge henne läxa att umgås med sina vänner ett visst antal timmar/tillfällen per vecka istället för att plugga och/eller träna. Särskilt viktigt är detta de kvällar och tillfällen då kompisarna roar sig. Hon bör också få i läxa att säga "nej", då det inte passar. (**Syfte:** *Exponering med responsprevention.)*

6. Ge henne uppmärksamhet när ni går igenom hennes beteenderegistreringar och beröm henne för hennes minskade pluggande och nedtrappade träning (**Syfte:** *Förstärkning av önskvärda beteenden.)*

7. Ge henne i läxa att avsiktligt bli tvåa eller trea vid träningstävlingar. (**Syfte:** *Exponering med responsprevention.)*

8. Gör henne så småningom uppmärksam på att hon trivs minst lika bra trots att hon kanske inte lyckas lika bra vare sig i skola eller idrottsligt. Upplys henne samtidigt om att när träningsglädjen och intresset för skolan återkommer (åter är positivt förstärkta) då kommer resultaten att öka men då av rätt anledning. (**Syfte:** *Etablera omständighet som gör det fortsatt förstärkande att inte vara perfekt d v s skapa ett mera avspänt och accepterande förhållande till resultaten.)*

9. Ge henne i läxa att se om kamraterna ser ner på henne när hon blir tvåa eller trea. (**Syfte:**

Etablera omständighet som gör det mindre bestraffande att inte vinna – öka acceptansen för att inte vara bäst.)

10. Förklara att självförtroende kan man endast uppnå genom att bete sig som om man är nöjd med sig själv. Den som hela tiden är kritisk mot sina egna prestationer kan inte plötsligt börja anse att det hon gör är bra. För att bevisa för sig själv att man duger måste man börja bete sig som om man duger och inte anstränga sig för att prestera bättre än man faktiskt gör. Move your ass and your mind will follow. Man tränar för att det är kul (positiv förstärkning) och inte för att man hela tiden måste bli bättre än andra (negativ förstärkning). De resultat man uppnår, accepterar man även om de inte är perfekta. Det är inte resultatet som är det viktiga, utan att man trivs med att utöva sin idrott (positiv förstärkning). Är resultatet överraskande bra så gläds man och är tacksam och är det dåligt så ser man det som ett tecken på att det finns möjlighet att lyckas bättre nästa eller nästnästa gång (aktiv acceptans, medveten närvaro eller annan teknik för att skapa acceptans.) Mantra (ny EO) för Elin: Du kan inte tycka om dig själv om du alltid underkänner det du presterar. Du visar genom att alltid anstränga dig för att bli *ännu* bättre att dina prestationer inte duger (ansträngningarna får negativ förstärkning). Det är OK att anstränga sig för att bli bättre, men i så fall för att man tycker det är kul (positiv förstärkning) inte för att undvika bestraffning (negativ förstärkning). (**Syfte:** *Förmå Elin att stanna i tanke och obehag att hon inte är perfekt – medeveten närvaro och acceptera att hon inte är bättre än så här – aktiv acceptans.)*

Dålig lagsammanhållning

Tränaren för ett hockeylag hör av sig för att han har problem med laget. Han beskriver att han inte längre får någon ordning på gruppen. Det är dålig lagsammanhållning och osämja i laget. Spelarna kommer till träningarna men det är tydliga grupperingar och de åker snabbt hem efter träningarna. Det blir ofta tjafs och de skäller och klagar på varandra, främst vid spelövningar. Tränaren känner sig maktlös. Spelarna kommunicerar knappt med varandra, de bråkar och de presterar självklart inte så bra som de skulle kunna göra. Spelarna ser ishockeyn enbart som ett jobb, de tränar och åker hem. Det är tyst i omklädningsrummet och till råga på allt är lagkaptenen och den vice lagkaptenen oense om hur de tycker att laget ska spela. Under match har det hänt att de rykt ihop och skrikit åt varandra i båset. Det har blivit en tydlig gruppering i laget. Tränaren känner att det är ohållbart och att han har tappat greppet om situationen.

1 Topografisk analys (dålig lagsammanhållning)

Vilka problembeteenden förkommer bland spelarna (som grupp)? Alla lagmedlemmar beter sig inte på samma sätt, en del mera och andra mindre. Lagkapten (L) och vice lagkapten (V) har också egna beteenden för att bemästra situationen.

Generella beteenden i gruppen, vilka är kärnan i hela problemet.

	Överskott	Underskott
Motoriska beteenden	*Klagar på varandra* *Skäller på varandra* *Förebrår varandra* *Blänger på varandra* *Ger föraktfulla blickar* *Gör tjuriga miner*	*Uppmuntra, le, nicka och berömma varandra* *Skoja med varandra* *Roa sig med varandra, skratta* *Umgås utanför träningen* *Skratta i omklädningsrummet* *Passa alla spelare utan åtskillnad/samarbeta*
Kognitiva beteenden	*Vi vet inte här vilka tankar som är förhärskande, men vi kan gissa genom att titta på beteendena att det är kritiska tankar, kanske avundsjuka mm. Detta är dock mindre viktigt, då det är det synliga klimatet/beteendena, som är problemet.*	
Autonoma beteenden	*Sympaticus som tillsammans med tankar bildar känslan "irritation"*	

2 Registrering

Det kan vara lämpligt att registrera beröm som utdelas till kamrat i laget i omklädningsrummet, skatta stämningen i omklädningsrummet 1-10 eller notera skäll (förebråelser) som utdelas efter match. Det finns många möjligheter att välja beteenden att registrera, såväl sådana som man vill minska som sådana som man vill ska öka. Problemet kan vara att hitta lättregistrerade beteenden.

3 Beteendeanalys

Alla beteenden har sina förstärkningar – så även överskotten och underskotten i lagets topografiska analys. Det framgår att L och V inte alls är överens. Det betyder att de som känner samhörighet med L upplever sig förstärkta av att bete sig på ett sätt som visar deras lojalitet med honom och samma med dem som känner sig lierade med V. Det skulle kännas bestraffande och "fel" för den som är med i L:s "gäng" att visa glädje, skratta med, berömma och se med välvillig blick på dem som är knutna till V. Således anstränger sig alla att visa sin lojalitet med någon av lagkaptenen (L) eller vice lagkapten (V). Situationen förefaller att ha förvärrats. Motsättningarna har sannolikt ökat genom polarisering. Polarisering sker när de båda sidorna växelvis överdriver sina beteenden – de driver då varandra allt längre och längre ifrån varandra.

Osämjan mellan lagkaptenerna utgör en etablerande omständighet (EO) som gör det förstärkande att bete sig på det sätt som framgår i den topografiska analysen. Vilka förstärkningar har beteendena?

Det känns förstärkande att agera för att få respektive favoritlagkaptens sympati (positiv förstärkning), visa var man har sin lojalitet och göra honom nöjd. Laget delas upp i de som vill behaga L respektive de som vill behaga V.

4 Använd analysen för att påverka beteendet

Så länge de två lagkaptenerna finns kvar kan sannolikt ingen snabb förändring ske. I vart fall inte med lätthet. Överskottsbeteendena måste upphöra helt (utsläckas) och underskotten måste ökas det vill säga bli mera förstärkta.

Förslag till åtgärder för lag och tränare:

1. Befria såväl lagkapten (L) som vice (V) från deras uppdrag. Förklara för hela laget varför detta görs – ge analysen ovan. (**Syfte:** *Detta är att etablera en helt ny omständighet (EO), som gör det mindre förstärkande att klaga på de "andra". Gör förändringarna och åtgärderna begripliga genom att berätta om analysen. Därmed blir förändringen mera accepterad.*)

2. Utse EN ny lagkapten på prov. Välj en person som är positiv och glad och naturligt uppmuntrande oavsett han är ett lagkaptensämne spelmässigt. (**Syfte:** *Modell för önskvärt socialt beteende.*)

3. Beröm alla spelare som beter sig uppmuntrande mot andra i laget och beröm dem öppet, så att alla kan höra berömmet för de sociala beteenden som kännetecknar god stämning (underskottsbeteendena). (**Syfte:** *Vikariell förstärkning som underlättar för övriga i laget att imitera och öka underskottsbeteendena i den topografiska analysen.*)

4. Gör klart vilka beteenden i den topografiska analysen som inte längre är accepterade och hur dessa kommer att bemötas – se punkt 6 (**Syfte:** *Gör det mindre förstärkande att fortsätta med gamla beteendena.*) Förklara för laget vilka beteenden som man helst vill se mellan spelarna i omklädningsrum och på isen. (**Syfte:** *Instruera om vilka beteenden som i fortsättningen kommer att förstärkas och vilka som kommer att leda till oönskade konsekvenser enligt punkt 6.*)

5. Iscensätt övningar där spelarna får träna på att se positiva saker och ge beröm till varandra i smågrupper. "Tvinga" dem att bete sig positivt och uppmuntrande mot övriga i gruppen, som är sammansatt både av L och V medlemmar. (**Syfte:** *Exponering med responsprevention.*)

6. Gör klart att den som fortsätter att vara negativ mot lagkamrat på sättet som framgår i

den topografiska analysen, kommer att omedelbart bytas ut vare sig det är match eller träning. (**Syfte:** *Försvagning (bestraffning) – en kostnad för att bete sig oönskat och utsläckning av oönskat beteende – då förstärkningen att få vara med och spela försvinner.)*

7. Var som tränare mycket mindre kritisk till dåliga idrottsliga prestationer än tidigare, men tydligt positiv till goda beteenden spelmässigt. Var mera uppmuntrande och mindre förebrående när det gäller det spelmässiga. (**Syfte:** *Modellinlärning för att skapa ett mer behagligt samarbetsklimat.)*

Hela åtgärdspaketet syftar till att göra det kostbart att bete sig fientligt, föraktfullt mot annan spelare (punkt 6), samtidigt som det inte längre finns några förstärkningar för sådana beteenden (punkterna 1 och 4). Till detta erbjuds modeller för de önskvärda beteendena för att underlätta beteendeförändring (punkt 2 och 7). Stämningen i laget kommer att förändras om beteendeförändringen kan åstadkommas. Det är omöjligt att i längden bete sig på ett sätt som strider mot hur man tycker och känner. Beteendet påverkar tankar och känslor på sikt. Move your ass …

Tränare som tröttnar på sin adept

Tränaren har under flera års tid varit ledare för en grupp idrottare. I träningsgruppen finns en talang som under senare år inte presterat på den nivå som hon gjorde tidigare. Tränaren anstränger sig till det yttersta för att få sin adept på rätt spår igen – att utvecklas, få bättre resultat och placera sig bra på tävlingar. Han har ändrat i träningsupplägg, finslipat tekniska detaljer, haft individuella samtal, uppmuntrat och varit stödjande – men inget har hjälpt. Den lovande talangen uppnår inte de resultat som tränaren vill. På senare tid har det gjort att tränaren ägnar sig åt andra idrottare. Tränaren struntar nu i den lovande talangen. Han pratar mindre med talangen, är inte lika noggrann med feedback och uppföljning och tittar mindre på talangen under träning. Tränaren har tankar om att adepten "inte var den talang vi trodde" och att "hon saknar rätt karaktär".

1 Topografisk analys (tränaren)

Vilka beteenden ägnar sig tränaren åt som har att göra med hans "tröttnande" attityd?

	Överskott	Underskott
Motoriska beteenden	*Intresserar sig för andra idrottare*	*Titta på och uppmärksamma adepten* *Träna sin adept* *Berömma adepten* *Ge adepten konstruktiv kritik* *Bistå med tekniska och praktiska råd*
Kognitiva beteenden	*"Hon var inte den talang vi trodde"* *"Hon har inte rätt karaktär"* *Jag misstog mig på hennes talang"*	

2 Registrera beteenden

Tränaren kan själv mäta och summera sin effektiva tid med adepten med stoppur samt registrera antalet konstruktiva råd han ger henne per träningstillfälle.

3 Beteendeanalys

Tränaren har ambitiöst prövat mängder av sina gamla och beprövade knep för att hjälpa adepten att förbättra prestationerna, men inget har lyckats. När hans ansträngningar inte får förstärkning utsläcks de.

EO = Höga förväntningar på adepten

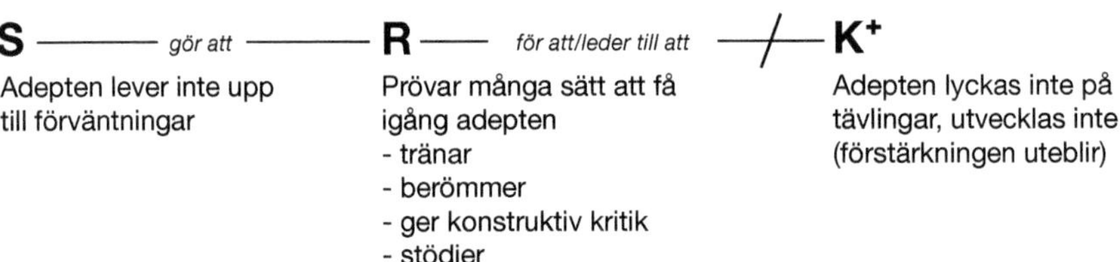

Tränarens höga förväntningar är en EO, som gör det mindre förstärkande att träna talangen. De höga förväntningarna bäddar för utsläckning av tränarens ansträngningar (första formeln). En generaliserad (spridd) utsläckning sker om många olika typer av försök har prövats av tränaren och inte lett till förstärkning – adepten gör inga framsteg.

Tränaren känner sig "dålig" och börjar tvivla på sin förmåga att plocka fram den oslipade diamant som talangen påstås vara. Han ägnar sig därför mera åt andra idrottare som kanske gör synliga framsteg och samtidigt slipper han bli påmind om att han är en dålig tränare. Nyckeln till att få tränare eller adept att inte tröttna är att se till att de båda får förstärkning (intermittent) på sina tränaransträngningar.

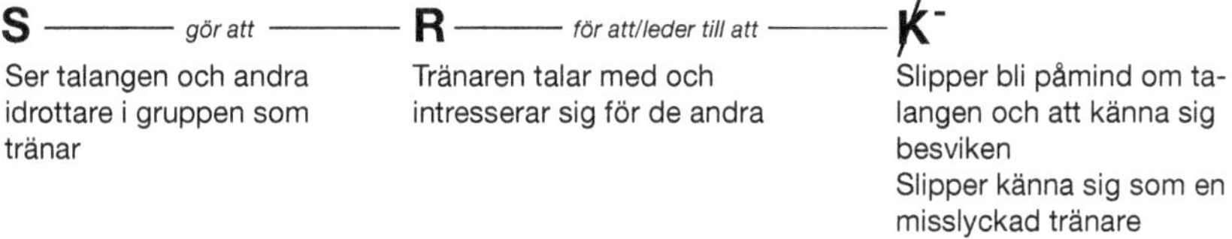

4 Använd analysen för att påverka beteendet

Åtgärderna syftar till att åter göra det förstärkande för tränaren att ägna sig åt talangen.

Förslag till åtgärder för tränaren för att inte tröttna:

1. Tränaren återgår till att vara med adepten och flyr inte till de andra idrottarna. Återtar det beteende han använt tidigare. (**Syfte**: *Tränaren ändrar sitt beteende genom ett beslut att inte låta sig styras av uteblivna förstärkningar. Istället beslutar han sig för att ändra sitt beteende [regelstyrning] i hopp om att det åter ska bli förstärkande att ägna sig åt sin adept.*)

2. Genom att förmå tränaren att välja att träna andra detaljer än de han tränat tidigare kan kanske förstärkningarna åter infinna sig. Genom att kalibrera ner sina förväntningar kan de små framstegen bli förstärkande. (**Syfte:** *Etablera nya omständigheter som gör det förstärkande för tränaren att åter ägna sig åt talangen och se de små framstegen.*)
   Istället för resultat på tävlingar så inriktas träningen på beteendedetaljer, precision i själva utförandet möjligen med hjälp av registrering, videofilmning och diskussioner med adepten – helt enkelt gå in för träningen med ett annat och ett mera finmaskigt synsätt och göra de små framstegen i utförandet tydliga för sig och för talangen med mätningar, filmning osv. (**Syfte:** *Göra detaljer och små förändringar mera tydliga och därmed positivt förstärkande.*)

3. Göra resultaten på tävlingarna till en bisak, som ska ägnas intresse längre fram, men är oviktiga i detta skede. Omformulera de uteblivna toppresultaten till utmaningar och inspirationskällor och ämne för analys och diskussion. (**Syfte:** *Genom omformulering av "misslyckandena" till intressanta och informationsbärande möjligheter blir de inte längre bestraffningar för någon part, utan intressanta problem att förstå och lösa, vilket kan upp-*

levas positivt förstärkande.)

4. Tränaren registrerar den egna tiden med adepten. (**Syfte**: *Egen beteenderegistering har ofta en påverkan på beteendet - selfmonitoring.*)

Såväl tränare som idrottare är beroende av förstärkning för att inte utövandet, träningen och intresset ska utsläckas. Förstärkningar är beroende av etablerande omständigheter (EO). Alltför högt ställda förväntningar (EO) kan göra att förstärkning upplevs alltför sällan. Förväntningar och förhoppningar efter en obruten framgångsperiod, kan göra både idrottare och tränare sårbara för utsläckning när motgångarna dyker upp. Den talangfulla oslipade diamanten kan då snabbt förloras på grund av en EO (de orealistiska förväntningarna) vid utglesning av förstärkningarna.

Korsbandsskadad handbollstjej

Frida är handbollsspelare. För ett par månader sedan drog hon av korsbandet under en match. De senaste veckorna har hon avstått från att åka upp till träningar, eftersom det påminner henne om allt hon saknar och missar. Hon tycker det är jobbigt att vara bredvid och titta på utan att kunna delta. Frida har blivit rekommenderad att styrketräna benmusklerna för att spara in rehabiliteringstid efter den operation, som hon ska göra om två månader. Hon känner sig dock uppgiven och struntar ofta i benövningarna. Hon tänker att hon ändå måste börja om med rehabiliteringsträning efter operationen, så det känns lönlöst att göra det redan nu. Frida känner tomhet, eftersom hon förutom handboll inte har så många andra intressen. Hon är också starkt förknippad med handboll hos vänner, släktingar och övriga på den lilla ort där hon bor. Alla ställer mycket frågor om hennes skada. Att prata om skadan känns jobbigt, så hon gör allt för att undvika att prata om den. Hon stannar hemma, går omvägar för bekanta, svarar kort på frågor osv. för att slippa prata om det som hänt. Hon upplever heller inget stöd från förening och tränare, utan hon känner sig ensam och nedstämd.

1 Topografisk analys (Frida)

Vilka beteenden ägnar sig Frida åt som har uppkommit i samband med skadan och är direkt kopplade till skadan?

	Överskott	Underskott
Motoriska beteenden	Går omvägar när kända personer syns Stannar hemma Svarar kort på frågor om skadan	Gå till träningarna och umgås med sina lagkamrater och titta på Styrketräna (benövingar) Andra aktiviteter (hobbies) Träffa släktingar och vänner Prata om skadan
Kognitiva beteenden	"Meningslöst att träna före operationen" "Jag orkar inte bli påmind om operationen"	
Autonoma beteenden	Tomhet Uppgivenhet	

2 Registrera beteenden

Det är i detta fall lätt att hitta lämpliga beteenden att registrera/mäta. Man kan registrera antal gånger hon är med och tittar på träningen per vecka, likaså antal benövningar. Viktigt är också att få henne att umgås mera med vänner på sin fritid, något som hon själv kan ta ansvar för att registrera.

3 Beteendeanalys

Frida har utvecklat flera beteenden för att slippa umgås med tanken på att hon är skadad. Allt som påminner henne om skadan väcker hennes olust. Frida har genom sina undvikanden skaffat sig många betingade stimuli som automatiskt väcker hennes ledsnad och påminner henne om tomhet.

BS = Se kompisarna träna

BS = Göra benövningar

BS = Man frågar hur hon mår exempelvis släkt och vänner

BS —— *triggar* ——	**BR/S⁻** —— *gör att* ——	**R** —— *för att/leder till att* ——	**K̸**
Titta på träning Benövningar Människor som kan fråga om skadan Släkt och vänner	Sympaticus/Tankar som har med sin hopplösa situation att göra	Åker inte till träningen Tittar inte på träningen Undviker benövningar Svarar kort på tal om skadan Går omvägar för att slippa träffa folk Undviker träffa släkt Undviker lagkompisar Stannar hemma Gör ingenting utanför hemmet	Olustkänslan minskas/undviks för stunden (minskad sympaticus) De plågsamma tankarna uppkommer inte lika ofta

Genom sina undvikanden har hon kommit att hamna i en händelselös och trist tomhet. Alla glädjeämnen som tidigare var det som gjorde hennes liv meningsfullt är nu borta. Frida upplever sitt liv alltmera tomt och hopplöst. Alla de positiva förstärkningar som hon fick genom sitt idrottande är för tillfället borta. Frida riskerar att hamna i en generell utsläckning, inlärd hjälplöshet, apati eller depression. Hon kan ju inte göra något för att det ska bli roligare.

4 Förslag till åtgärder för Frida

Frida är ledsen och kanske även deprimerad på grund av att hennes liv blivit tomt och tråkigt. Hennes liv har numera brist på förstärkningar.

1. Alla de beteenden som Frida tagit till för att inte må sämre i stunden (överskott och underskott) gör hennes liv tomt och tråkigt och måste ändras. Frida ska gå till träningarna, titta på och engagera sig i spelet från "bänken". Gör henne delaktig i träningen – exempelvis ge henne i uppgift att notera antal skott på mål per spelare, målgivande passningar eller liknande. (**Syfte:** *Göra det möjligt för henne att åter få mera positiv förstärkning och därmed göra livet roligare för henne, fylla tomrummet. Beteendeaktivering är metoden för att motverka/bota nedstämdhet och depression.*)

2. Uppmana henne att komma med konstruktiva synpunkter på träningen och kamraternas insatser. Uppmana Frida att börja med benövningar gärna i samband med att hon kommer och tittar på kamraternas träning. (**Syfte**: *Engagera henne i träningen för positiv förstärkning.*)

3. Frida bör tacka "ja" till inbjudningar och umgänge med såväl släkt som vänner och aktiviteter utanför handbollen och att prata och förklara hur det ligger till med hennes knäskada. (**Syfte**: *Exponering med responsprevention.*)

4. Uppmuntra Frida att engagera sig i en eller annan aktivitet utanför handbollen. Historiskt har hon sannolikt haft andra intressen innan handbollen blev den helt dominerande sysselsättning. Kan hon återuppta dessa tidigare intressen eller kan hon hitta nya? (**Syfte**: *Att minska risken för upprepning om hon skulle bli skadad igen. Göra* **henne** *mindre sårbar för framtida skadedepression – minska den sårbarhet som det innebär att hämta all förstärkning ur en och samma korg.*)

5. Ge henne i uppgift att själv registrera och mäta några av beteendena i den topografiska

analysen. (**Syfte:** *Självregistrering [Selfmonitoring] sätter press på henne att förändra sitt beteende. Registreringarna kan sedan användas för att visa hur duktig hon varit – positiv förstärkning – tillsammans med tränaren. Hon får fortsatt tränarens intresse och uppmärksamhet, trots att hon inte är med på planen.*)

6. Genom att följa de föreslagna åtgärderna kommer hennes liv – även om det känns jobbigt till en början – att på sikt få mening och kännas betydelsefullt och roligt igen (positiva förstärkningar har återkommit). Hon kommer att exponeras för de betingade stimuli som automatiskt triggar hennes känsla av tomhet, då hon beter sig som om hon inte gett upp. Det gör motbetingning möjlig.

Sandra äter för lite och tränar för mycket

Sandra är långdistanslöperska och har flera meriter i maraton. Hennes kamrater har börjat oro sig för att hon har ökat träningsdosen till det dubbla och har numera inte tid att roa sig alls. Hon hänger inte med sina kompisar eller tar kontakt med dem över huvud taget. Träningen tar alltmera av hennes tid. Hon blir grinig och arg om hon inte får träna. Till en början var hennes tränare uppmuntrande och positiv till hennes inställning, men nu har det gått så långt att man inte tycker att det är "sunt".

Hennes kroppsvikt har gått ner till 43 kilo och när man påpekar detta för henne, säger hon att detta är nyckeln till framgång och att man inte ska bära omkring på en massa överflödiga kilon. Hennes ätande har också påverkats. Hon väljer mat med stor omsorg och då företrädesvis mycket grönsaker, mindre fett och kolhydrater. Även detta sågs till en början som mycket positivt och hon hejades på av såväl kamrater som tränare.

Hon gör ett magert intryck och hon är ängslig och vresig och förefaller inte alls vara på god fot med sig själv eller sin idrott. Säger man åt henne att träna mindre eller att avstå från en träning kan hon fara ut i ilskna kommentarer och förklara att det har ingen med att göra.

De idrottsliga framgångarna har på senaste tiden uteblivit, vilket gjort att hon ökat träningsdosen ytterligare.

1 Topografisk analys (Sandra)

Vilka beteenden hos Sandra är det som orsakar problem eller som är en del av problemet?

	Överskott	Underskott
Motoriska beteenden	*Tränar*	*Träffa kompisar utanför idrotten för att umgås* *Äta* *Äta fet mat* *Äta kolhydratrik mat* *Tala om hur hon mår*
Kognitiva beteenden	*"Jag blir bättre om jag väger mindre"*	
Autonoma beteenden	*Grinig och ilsken, mår dåligt (sympaticusreaktion).*	

Sandra vill helst inte tala med någon om sin idrott och träning, då hon endast tycker att andra vill mästra henne och bestämma vad som är bäst för henne. Hon beskyller dem som tar upp problemen med henne för att tjata.

Vi är därför hänvisade att gissa oss till hur Sandras problematik hänger ihop utifrån ett KBT-perspektiv.

Om man studerar Sandras situation och beteende kan man konstatera följande;

– Hon tränar för mycket – för ofta och för länge.

– Hon tränar alltid efter det att hon ätit och möjligheten till träning finns.

– Hon äter alldeles för lite i förhållande till det arbete som hennes kropp utför.

– Hon har gått ner i vikt.

– Hon är grinig och verkar nervös och ger ett "glåmigt" intryck – hon ser inte frisk ut.

Om det är ett allvarligt anorexiafall ska behandlingen ske i samarbete med KBT-terapeut.

2 Registrera och mäta beteenden

Sandras träningsdos har dubblerats, det förefaller därför vara viktigt att mäta hennes träningstid per vecka. Helst skulle man också vilja få ett mått på hennes ätande, men det är inte säkert att hon går med på det. Gör hon det förvanskar hon sannolikt sina registreringar. Gå ut och vara med kompisar utanför träningen torde däremot vara enkelt att registrera.

3 Beteendeanalys

De överskott och underskott på beteenden som Sandra har, måste ha förstärkts, annars skulle de ha upphört. Vilka var/är förstärkningarna?

Starten på problemet;

S ——— *gör att* ——— **R** ——— *för att/leder till att* ——— **K⁺**

Träning/tävling · · · · · · · · · · · Gör sitt bästa · · · · · · · · · · · *Får bra tid
*Får uppmärksamhet/beröm
*Man säger: Du har kropp
för långdistans, lätt och seg

Trolig uppkomst

Sandra har drabbats av anorexia nervosa (självsvält) som utvecklats genom ambitionen att bli bra i sin idrott och fått alltför stor fokus på kroppsvikten. Hennes problem var i början inte så lätt att upptäcka, då de beteenden som var en del av hennes problem kunde ses som "en tjej som verkligen satsar", "den tjejen lämnar inget åt slumpen" och många av dessa beteenden är önskvärda beteenden, om de inte går till överdrift eller är ångestdrivna (negativ förstärkning). Sandra har till en början haft framgång (positiv förstärkning) vilket gör att man gör mera av de beteenden som ledde fram till framgången. Sandra blir inspirerad (förstärkt) att träna mera då hon kommer att möta tuffare motstånd och börjar tänka på sin långdistanskropp och drar ner på vissa maträtter. Träningsdosen ökar. Minskad vikt är en bieffekt, som är till fördel för en långdistanslöpare. Allt pekar i rätt riktning till en början. Hon formas av de positiva förstärkningar hon får att också bete sig mer och mer åt det matsnåla hållet och att öka träningsdosen. Hon är framgångsrik i idrotten.

Viktnedgången i sig upplevs till en början positiv (förstärkande) och det leder till ännu mera beteenden för att minska vikten och större restriktivitet med maten. Efter en tid kommer förstärkningarna (framgångarna) allt glesare – de blir intermittenta. En shapingprocess är som att "luras" till att stegvis stegra beteendet. Den onda cirkeln har startat.

Efter en tid då energin inte räcker kommer motgångarna. Förstärkningarna glesas ut (alltmera intermittenta) och för att åter få dem ökar hon de beteenden som tidigare ledde till framgång. Hon formas till att öka träningsdosen ytterligare och till att minska matintaget. Matintaget blir en del av hennes planering och en del i hennes prestationshöjande åtgärder. Hon kommer att bete sig som om hon vore för tung. När man beter sig som om man vore för tjock, tror man efter en tid att man är för tjock. Move your ass and your mind will follow.

Nu börjar hon känna dåligt samvete om hon inte tränar och om hon äter för mycket eller fel saker. Att äta och att avstå träning har blivit betingade stimuli som väcker sympaticus (ångest).

Fortsatta utvecklingen till dagsläget. Nu har hennes undvikanden och flyktbeteenden skapat åtskilliga BS som triggar hennes oro och ångest. Hon får därför automatiskt stark ångest exempelvis av;

BS = Att ha ätit (för mycket)

BS = Bli bjuden på mat

BS = Att gå på fest (= äta)

BS = Att gå ut med kompisar (= äta)

BS = Nära förestående tävling

BS = Hoppa över den dagliga träningen

BS = Att äta sig mätt/äta fel saker

BS = Att avstå träning efter maten, i synnerhet om hon anser sig ha ätit något "olämpligt"

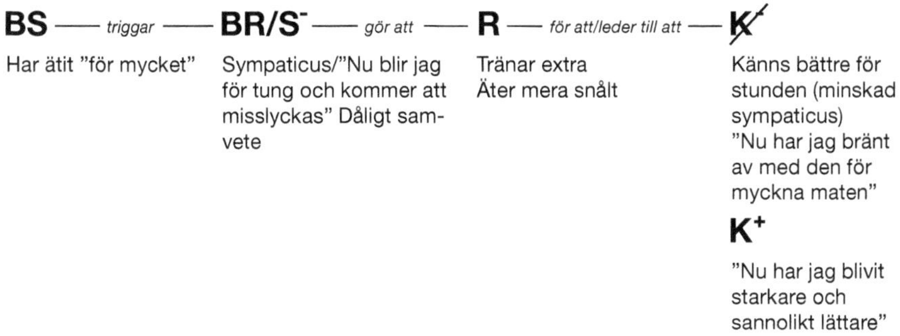

En svältande kropp med brist på energi, som ändå tvingas till att utföra tungt arbete med för lågt blodsocker, utlöser automatiskt sympaticusreaktion. Kroppen måste mobilisera alla resurser för att klara av prestationerna. Vid sympaticusreaktionen frigörs bland annat leverglykogen (blodsockerhalten ökas) och kroppens fettdepåer töms. Hon mår således sämre (mera sympaticus/ångest) på grund av att hon inte äter i nivå med energibehovet för det arbete hon uträttar. När hon då mår dåligt tolkar hon detta som om hon ätit för mycket och tränat för lite. Då blir det naturligt att öka träningen och minska ätandet ytterligare, trots att det är fullständigt tokigt.

Hennes dåliga samvete inverkar alltmera på hennes övriga liv och fritid.

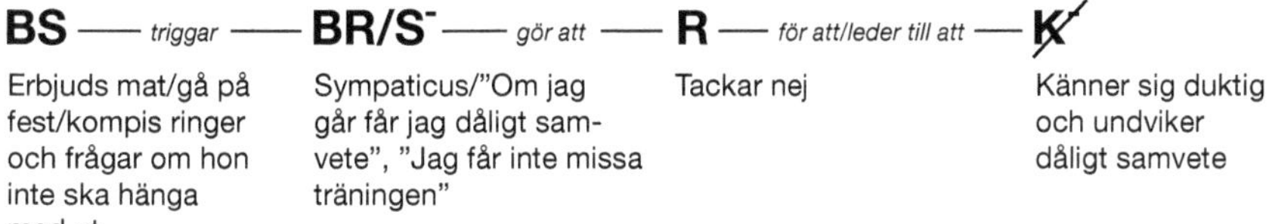

Från att i början ha tränat och tävlat för att det var kul och för positiva förstärkningar, drivs nu hennes idrottande helt av negativa förstärkningar – bli av med dåligt samvete (sympaticus), inte känna sig för tung, inte misslyckas, inte förlora, inte må dåligt. Idrottandet är inte en lustfylld aktivitet längre och är absolut inte självförstärkande.

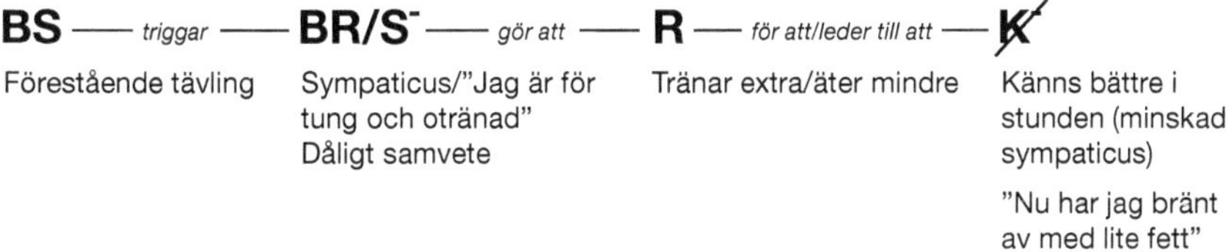

Genom sina säkerhetsbeteenden skapar hon förutsättningar för att utveckla allt flera BS genom respondent betingning. Mat, måltider, äta fel mat, gemenskap med kompisar, hoppa över träningen, att inte träna extra har blivit betingade stimuli (BS).

4 Använd analysen för att påverka beteendet

Sandra använder nu tränandet och att äta mindre som dominerande säkerhetsbeteenden.

Förslag till åtgärder för att förmå Sandra att ändra sitt beteende:

Sandra förefaller vara i behov av professionell hjälp, nedan beskrivs olika steg i hur en behandling skulle kunna gå till. I detta fall är hennes tränare en viktig person som i samarbete med KBT-terapeut kan genomföra de beteendeförändringar som är nödvändiga.

1. Berätta för Sandra om analysen och förklara hur du tror att hennes "må dåligt" sannolikt blir allt sämre på grund av att hon använder sin träning på detta vis (***Syfte:*** *Ändra etablerande omständigheter så att det blir förstärkande att förändra sitt beteende – träna mindre eller helt avstå en tid och att äta mera.*)

2. Diskutera de långsiktiga konsekvenserna av hennes beteenden (såväl överskott som underskott). Förklara även detta med förstärkning, så att hon kan förstå varför hon beter sig så "destruktivt". Förklara vidare att hennes träning och idrottande numera drivs av negativ förstärkning det vill säga att hon vill minska sitt "må dåligt" och bli av med ångesten (sympaticus) och att detta absolut inte är det optimala för att nå resultat. Förklara att det snarare kommer att sabotera hennes möjligheter till bra prestationer. (***Syfte:*** *Etablerande av omständigheter som gör det förstärkande att ändra beteendet.*)

3. Ge henne hopp genom att förklara att allt kan ställas tillrätta genom att hon minskar överskottsbeteenden och ökar underskottsbeteenden, men att detta kommer att kännas ångestfyllt och jobbigt till en början. Om hon vill att det ska gå fortare så måste hon aktivt utmana sin ångest, sitt dåliga samvete och sitt dåliga mående genom att bete sig "tvärt om" och stå ut. Berätta om Albert och råttan – respondent betingning och visa på att hennes problem är en parallell till Albert. (***Syfte:*** *Rational/förklaring till behandlingsupplägget. För att underlätta och göra denna beteendeförändring mindre motbjudande kan man försöka etablera omständigheten acceptans av "att det ska kännas jobbigt", "att ångesten stegras" och att plågsamma tankar dyker upp och gör det svårt.*)

4. Kom överens med henne om vilka beteenden hon ska börja med som en läxa – att kanske ta bort extraträning, kanske äta mera kolhydrater innan den ordinarie träningen, kanske hoppa över träningen vissa tillfällen och istället gå ut med tjejerna. Små steg för att hon inte ska misslyckas. (***Syfte:*** *Exponering med responsprevention med små steg i form av läxor.*)

5. Kom överens med henne om beteenderegistrering och vad som ska registreras och följ upp hennes beteendeförändring och uppmuntra henne att slarva med träningen och förstärk henne med uppskattning, om hon går upp något i vikt. Gör det lättare för henne att förändra sitt beteende i rätt riktning. (***Syfte:*** *Selfmonitoring [självregistrering] gör beteendeförändringen lättare och tydligare och kommer vanligen lite av sig själv tack vare beteenderegistrering.*)

6. I egenskap av att vara hennes tränare säg med full auktoritet: "Min uppfattning är att om

du fortsätter så här (topografiska analysen) kommer du aldrig att bli framgångsrik. Din enda chans är att göra som jag beskrivit för dig nu." (**Syfte:** *Etablera en omständighet som gör det mera förstärkande att bete sig på det nya sättet, trots att det känns fel för henne och ger ångest.*)

7. Ställ eventuellt krav på viss viktuppgång för att hon ska få delta i attraktiv tävling. Väg henne flera gånger och vid oväntade tillfällen så att hon inte luras genom att dricka vatten före vägning. (**Syfte:** *Positiv förstärkning på att försöka öka matintaget.*)

Återigen vill vi påpeka att behandlingen av allvarliga fall ska skötas av legitimerad KBT-terapeut, gärna i samarbete med tränare om inte träningen måste avbrytas helt. Anorexia nervosa, som Sandra lider av, är ett ångestsyndrom som i de allra flesta fall kräver professionell behandlare.

Friidrottaren som plågas av ältande

Stefan har fått kallelse till ett landslagsläger. Han är självklart glad för att han blivit uttagen, men samtidigt känner han osäkerhet. Han vill inget hellre än att åka. Att dra på sig landslagströjan är alltid en speciell känsla, men denna gång har förberedelserna varit minst sagt problematiska. Han har haft både sjukdomar och skador, som gjort att han har en bra bit upp till sin normala prestationsnivå. Förbundskaptenen för landslaget tycker att Stefan bör åka för att lära känna gruppen och träffa alla ledare runt landslaget. Stefans klubbtränare däremot tycker att Stefan bör vara hemma och träna i lugn och ro i sin förening för att sakta bygga upp fysiken och åter komma i form.

Hela situationen har gjort att Stefan har beslutsångest. Han ältar fram och tillbaka om han ska åka eller inte. Han vill varken göra sin klubbtränare eller förbundskaptenen besvikna. Stefan funderar också på om han någonsin kommer att bli kallad till landslaget igen, om han skulle tacka nej. Samtidigt vet han att han inte kommer att prestera på den nivå som han vill och att det därför kan vara bra att vara hemma och bli helt frisk först. Han frågar alla i sin omgivning hur de tycker att han ska göra. Efter mycket om och men beslutar han att tacka nej till lägret.

Efter beslutet mår han ännu sämre. Han kan inte sluta tänka på om han fattat rätt beslut eller inte. Tankegångarna kan gå ungefär så här:

- *"Jag kanske borde ha åkt ändå".*
- *"Nä, jag behöver vara hemma och träna upp mig".*
- *"Lät inte förbundskaptenen väldigt besviken i telefon när jag tackade nej"?*
- *"Han kanske blev besviken men om jag är hemma och tränar på bra kommer jag säkert med på nästa läger".*

– "Nä, det är inte säkert, jag borde ha åkt. Nu kanske det aldrig mer blir landslaget för mig".

– "Men med bra resultat är det klart jag blir uttagen".

Tankarna slutar aldrig upp utan pågår i oändlighet. Stefan pratar gärna med kompisar och klubbtränare för att få lugnande besked och stöd i sitt beslut. I stunden kan det kännas skönt, men ältandet vill ändå inte sluta upp.

Vid ältande brukar det upplevda problemet vara att det inte går att sluta. Hur man än försöker så tystnar det aldrig i hjärnan. Den ena oroande och olustiga tanken kommer upp efter den andra och det går inte att få dem att sluta. Stefans tankar handlar om ska jag tacka "ja" eller ska jag tacka "nej"? De handlar om fördelar med det ena eller andra och om nackdelar med det ena eller andra. Varje gång det kommer ett argument för det ena så kommer genast ett argument för det andra. Även efter det att beslut är fattat, så kommer han att fortsätta att ifrågasätta om han gjorde rätt. Han upplever att han ångrar sig, eller inte, eller...

1 Topgrafisk analys

	Överskott	Underskott
Motoriska beteenden	Frågar om andras åsikter *olusttanke*	*tröstetanke...*
Kognitiva beteenden	*– "Jag kanske borde ha åkt ändå".* *– "Nä, jag behöver vara hemma och träna upp mig".* *– "Lät inte förbundskaptenen väldigt besviken i telefon när jag tackade nej"?* *– "Han kanske blev besviken men om jag är hemma och tränar på bra kommer jag säkert med på nästa läger".* *– "Nä, det är inte säkert, jag borde ha åkt". "Nu kanske det aldrig mer blir landslaget för mig".* *– "Men med bra resultat är det klart jag blir uttagen".*	
Autonoma beteenden	*Ånger (sympaticusreaktion).*	

Ältande är speciellt när det gäller att få det att sluta, eftersom det man tror är rätt medel att få det att upphöra i själva verket ökar eller förstärker det.

I ältandet är det alltså förstärkande varje gång man får en känsla av lugn, då man tror sig veta hur man ska göra. Att äntligen veta hur man ska göra är den negativa förstärkningen. Omedelbart dyker nya tankar om tveksamheter och olust upp och så ökar ångesten genom upprepad respondent betingning.

Tankarna i ältandet är som framgår av den topografiska analysen ovan av två olika typer:

1. Sådana som väcker oro, olust, tveksamhet så kallade Olusttankar.

2. Sådana som gör mitt beslut lättare, ger mig säkerhet i valet och ger lite tillfälligt lugn kallas Tröstetankar.

I den topografiska analysen står såväl olusttankar som tröstetankar som kognitiva överskott. Ältaren själv klagar sällan över att han har tröstetankar, då det är olusttankarna som han plågas av och det är dem han vill bli kvitt. I syfte att bli av med olusttankarna söker han motbevisa, hitta de slutliga argumenten, göra det slutgiltiga beslutet för att känna sig lugn och säker. Lugnet och säkerheten söker han genom att ägna sig åt tröstande och klargörande tankar.

Tankarna förekommer växelvis i huvudet på ältaren; olusttankar följs av tröstetankar i en aldrig sinande ström. Ältandet är en kedja av beteenden. Kedjan är en inre dialog mellan olusttankar och tröstetankar, där tröstetankar i form av logiska argument, bortförklaringar, fantasier, planerande mm. bemöter olusttankarna. Varje gång en tröstetanke hittar någon "lösning" eller gör ett beslut lättare, hittar något svar eller möjlig utväg, då infinner sig ett ögonblick av lugn. Detta lugn fungerar som negativ förstärkning på beteendet att tänka olusttankar, eftersom sympatikusnivån (oron) fungerar som en EO som gör tröstetankarna lugnande. Istället för att tröstetankarna – i form av logiska resonemang, motbevis, förklaringar, klargöranden, fattade beslut – stoppar olusttankarna, så ökar de dem.

2 Beteendeanalys

Ältandet är som en tennismatch, där olustsidan servar för att få igång spelet och tröstesidan returnerar serven. Om tröstesidan aldrig slår tillbaka bollen kommer matchen genast att stanna av och ta slut. Detta är rätt.

Tröstetankarna bli inte tröstande (negativt förstärkande) om inte sympaticus-reaktion (den obehagliga känslan) föreligger som en EO.

Ältande är en beteendekedja. I en beteendekedja fungerar förstärkningen alltid som startstimulus (S) för nästa beteende. Tröstetankarna fungerar som förstärkning för tröstetankarna och kommer alltså att dra igång flera och nya olusttankar. Vid beslutsångest är varje argument som i ögonblicket talar till fördel för något av alternativen en tröstetanke. Alla argument som ger en känsla av "nu vet jag hur jag ska välja" blir förstärkande på beteendet att tänka nya och flera olusttankar.

Tröstetankar som egentligen är försök att finna övertygelse, säkerhet och lugn, kommer alltså att bidra till att nya olusttankar kommer upp. De blir också fler och fler och bidrar till att öka ångesten alltmera, eftersom flykt från olusttankarna med sympatikus i kroppen gör dessa till betingade stimuli (triggers för mera ångest) genom respondent betingning.

För att få olusttankarna att upphöra, måste man utsläcka dem genom att ta bort deras förstärkning. Man måste upphöra att tänka tröstetankar. Stefan måste upphöra att söka efter argument till förmån för det ena eller andra beslutet eller "fatta beslutet" om och om igen i tankarna. Fattat beslut gäller efter det är fattat en gång. Därefter måste han se beslutet som oåterkalleligt. Varje gång det dyker upp en olusttanke exempelvis "Tänk om jag aldrig blir tillfrågad igen?" bara tänka "Ja, det kan vara så och det är inget att göra något åt." "Det är möjligt att detta var min enda chans och jag sumpade den. Loppet är kört och inget jag kan göra ogjort." Att hitta tröst i förklaringar, bortförklaringar eller motbevis drar igång ältandet igen.

Genom att acceptera det olustiga läge som uppstått, förstärks inte olusttänkandet och kommer då att utsläckas. Acceptans handlar inte om att ge upp utan är en aktiv handling som innebär att man stannar i obehagliga tankar och känslor utan att försöka ändra, undvika eller kontrollera.

Det finns sex olika sätt att tänka accepterande för att förhindra att olusttänkandet förstärks. Om man använder dessa tekniker rätt, är de inkompatibla/oförenliga med att tröstetänka. De gör förstärkningen av olusttänkandet omöjlig, då det inte går att tänka tröstetankar ihop med dem;

1. Aktivt accepterande av det som är svårt att acceptera.

2. Chansa och inte göra några ansträngningar för att må bra, hitta tröst eller förklaringar.

3. Tänka det värsta istället för att lindra olusten. Alltså tänka ännu värre.

4. Tänka fatalistiskt, det vill säga; tänka att det inte kan påverkas alls. Det spelar ingen roll vad jag än gör. Jag är i händerna på ödet, så varför bry sig?

5. Kognitiv frikoppling (på engelska "defusion") innebär att man kliver utanför sig själv och "studerar" vad som sker i huvudet och den egna kroppen. Man kan då se och känna att man har sympaticusreaktion – mår dåligt på olika sätt – och sedan att man har olusttanke med ett plågsamt innehåll. Man nöjer sig med detta konstaterande och gör inget för att må bättre. Man bara betraktar det som sker som en forskare och värderar inte sanningshalten, sannolikheter i tankarna.

6. Medveten närvaro. Man stannar i de olustiga tankarna och känslorna och gör inget mot dem utan bara finns kvar i dem – tiger och lider.

Alla dessa tekniker gör tröstandet omöjligt och därmed finns inga förstärkningar kvar som kan hålla liv i olusttänkandet, som då utsläcks och ältandet upphör. Observera att vissa av teknikerna är direkt olämpliga i det sunda idrottandet såsom "fatalism" – att allt är förutbestämt.

Behandlingen går alltså ut på att inte göra någon "affär av" eller över huvud taget bry sig om de obehagliga och plågsamma tankarna som kommer upp. Bara acceptera att olusttankarna och sympaticus finns där.

Ser man ältandet som en tennismatch så är det rätt att låta den ena serven (olusttanken) efter den andra bara gå förbi och låta olusttankarna vara obesvarade. Det är fel att sträva efter att "vinna över" olusttankarna med logiska argument, med motbevis för att bli säker eller tröstad i situationer där inga säkra svar finns. Det gäller alltså att låta olustsidan snabbt vinna matchen.

För en mera ingående beskrivning av ältandet och behandling av det rekommenderas boken *"Sluta älta och grubbla – lättare gjort med KBT"*

3 Använd analysen för att påverka beteendet

Stefan har i detta fall redan fattat beslutet att inte åka på träningslägret, men om han ännu inte hade gjort det kunde punkterna ett och två (1, 2) nedan varit honom till hjälp.

Förslag till åtgärder för Stefan:

1. Stefan måste fatta ett beslut och det ska göras snabbt och effektivt och bara en enda gång, för att inte varje nytt argument eller "beslut" ska bli förstärkning och ge flera olusttankar. Ett lämpligt sätt att samla beslutsunderlag för ett beslut är att söka för- och nackdelar för respektive alternativ.

   Nedanstående tabell gör för- och nackdelar överskådliga och kan underlätta ett snabbt beslut.

	Tacka "ja" till landslagslägret	Tacka "nej" till landslagslägret
För-delar **+**	*Det är en jättechans* *Träffa och träna med idoler* *Känna hur det känns att träna på denna högre nivå och med landslagstränaren* *Spännande, hedrande* *Bära landslagströjan*	*Undviker att förvärra skadan* *Undviker att visa sig vara otillräcklig* *Möjlighet att visa mig när jag kan prestera bättre (inte är skadad) och slippa att bli bortplockad på grund av skadan* *Slippa oroa mig för att göra bort mig*
Nack-delar **–**	*Jag är skadad och kan inte visa vad jag egentligen kan* *Jag blir bortgallrad för all framtid som en otillräcklig talang* *Aldrig få chansen igen om jag är dålig* *Missnöjd med min egen prestation*	*Kanske inte får någon mera chans att träna med landslaget*

2. Utifrån denna sammanställning bör han fatta ett beslut och detta beslut ska sedan gälla. Det ska inte diskuteras mera, eftersom varje gång han fattar "nytt" beslut (tänker att han skulle gjort tvärtom), så förstärker han och ökar på olusttänkandet och sympaticus (ångest) ökar. (**Syfte:** *Utsläckning av olusttänkandet genom att inte söka lösningar/tröstetänka.*)

3. När "tennismatchen" startar i huvudet – såväl före som efter det att beslutet är fattat – använd de sex teknikerna för att blockera tröstetänkandet och låta olusttankarna och sympaticus "härja fritt". (**Syfte:** *Med hjälp av dessa tekniker göra det omöjligt att tänka tröstetankar – möjliggöra utsläckning av olusttänkandet. Åtgärden innebär exponering med responsprevention på tankebeteenden.*)

4. När beslutet väl är fattat får Stefan inte ta upp det med någon. Istället bara acceptera att nu är det som det är och kan inte göras ogjort. Gilla läget – bra eller dåligt, strunt samma!

(**Syfte:** *Återförsäkringar från andra fungerar på samma sätt som egna tröstetankar och förstärker endast beteendet att tänka olusttankar och höjer sympaticusnivån genom respondent betingning.*) Viktigt för tränare och anhöriga att inte gå in och framhålla "du får säkert chansen igen" eller försöka lugna, när beslutet väl är fattat. Detta vore att bjuda in till nytt ältande.

5. Stefan måste gilla det beslut som är fattat och det läge som råder – dåligt eller bra är ointressant. Det är som det är. Tig och lid! (**Syfte:** *Aktiv acceptans.*)

Sammanfattning

Vi hoppas att det framgått att tillämpad beteendeanalys inte är en teknik, utan ett sätt att förstå och förklara mänskligt beteende. Den kan appliceras på allt människor företar sig eller upplever. I fallen har vi redovisat behandling av dåligt självförtroende, problem med relationer, konflikter i lag, nedstämdhet vid skada, ältande och tränare som tröttnar. Detta och mycket mer kan med inlärningspsykologiska principer (TBA) analyseras för att hitta förklaringar, vilka i sin tur kan ge uppslag till åtgärder.

Man kan även använda tillämpad beteendeanalys för att i förväg analysera insatser som tränare kan göra och bedöma utfallet av dessa på förhand, liksom att i efterhand analysera varför resultatet av tränarens insatser blev som de blev.

Det grundläggande inom tillämpad beteendeanalys är hur inlärning av nya beteenden ska arrangeras och hur finslipning och precision kan ökas genom lämpliga tillvägagångssätt. Idrottsområdet med dess tekniker, finter, rörelser och allmänna beteendefokus är ett synnerligen lämpligt område för TBA.

TBA kan framstå som svårt och komplicerat men är ett fantastiskt hjälpmedel, när man behärskar det. Från och med 2014 finns ett studiematerial, som anknyter till denna bok, tillgängligt som är lämpligt att använda i grupp.

Ordlista

Acceptans	*En aktiv villighet att stå ut med obehagliga psykologiska fenomen såsom känslor, tankar och kroppsliga reaktioner, utan att göra något för att ändra, undvika eller kontrollera dem.*
Autonomt beteende	*Inre beteenden som inte kan kontrolleras med viljan och som styrs av det autonoma nervsystemet. Exempelvis hjärtslag, svettning, mage och tarmars beteende, mm. Viktigast i detta sammanhang är beteenden som uppkommer vid ångest/oro/olust – en sympaticusreaktion. När sympaticusreaktionen inte dominerar är den så kallade parasympaticusreaktionen mera aktiv.*
Betingning (respondent)	*Inlärning av en automatisk känsloreaktion. När betingning skett reagerar känslorna automatiskt och utan hänsyn till logik och förnuftiga tankar. Exempelvis kan man genom betingning bli rädd för något som tidigare var helt neutralt.*
Betingning (operant)	*Inlärning av ett viljemässigt kontrollerbart beteende (motoriskt och kognitivt) och dess samband med förstärkningar.*
Betingat stimulus	*Föremål, situation eller något annat som genom inlärning fått den automatiska förmågan att väcka en känsla. Exempel på ett betingat stimulus är en "spindel", som väcker ångest hos en spindelfobiker eller en "valsituation" som väcker beslutsångest hos en annan.*
Beteendekedja	*En kedja av beteenden där ett beteendes förstärkning (positiva konsekvens) blir igångsättare (startstimulus) för nästa beteende. Och detta beteendes förstärkning blir startstimulus för nästa beteende osv.*
Defusion	*Se kognitiv frikoppling nedan.*
Etablerande omständighet	*En omständighet som gör en förstärkning antingen mera eller mindre kraftfull. Hunger ökar en bulles förstärkningseffekt dvs. gör det mera angeläget att bete sig så att man får en bulle.* *En tanke, som gör det mera angeläget att undvika ångest, är en etablerande omständighet (EO). Exempelvis tanken: "Det är farligt för hjärtat att ha ångest." Denna tanke/information är en omständighet, som gör det mera förstärkande att undvika sådant som ger ångest.*

Exponering

Att utsätta sig för något. Inom beteendeterapin avses vanligen att utsätta sig för något (betingat stimulus), som väcker ångest och oro i syfte att motbetinga det. Genom exponering tar man bort förmågan hos det betingade stimulit att automatiskt väcka sympaticus (ångest, stress).

Exponering med responsprevention

Man utsätter sig för ett betingat stimulus och avstår från att använda säkerhetsbeteenden (=responsprevention), vilket är nödvändigt för att motbetingning ska kunna ske.

Förstärkning
K+
positiv -

Varje konsekvens på ett beteende, som gör att beteendet sannolikt kommer att fortsätta användas eller att använ-das ännu mera. Man skulle kunna säga "motivationshö-jande konsekvens". Blir jag road och glad av att hoppa hopprep, då gör jag det mera. Road och glad förstärker beteendet att hoppa hopprep (positiv förstärkning).

K-
negativ -

Den angenäma konsekvensen kan också vara att befrias från något obehag eller olust (negativ förstärkning). Exem-pelvis beteenden som gör att något oangenämt minskar. Att använda Voltaren minskar smärtan och är därför en negativ förstärkare för beteendet att smörja med Voltaren-salva.

Förstärkningsformeln

Även kallat förstärkningsparadigm. Skrivs S – R – K och vi-sar på beteendets (R) samband med situationen (S) och be-teendets konsekvenser/förstärkningar (K). Det som föregår beteendet och det som kommer ut av det. Varje beteende har alltid en stark knytning till här – och – nu-situationen, vilket man försöker åskådliggöra med formeln.

Generalisering

Generalisering är exempelvis när en person börjar använda ett beteende hemma, som han har lärt sig i skolan. Egent-ligen är det att sprida eller vidga användningsområdet för ett beteende. Generaliseringen sker ofta helt omedvetet.

Habituering, habituera

När man vänjer sig vid något. Om man går i dålig lukt en stund känner man den inte längre. Man har habituerat. Man kan habituera till sympaticus (stress, ångest) genom att inte bekämpa känslan och låta sig exponeras för den. Beskriver det som sker vid motbetingning.

Inkompatibelt beteende

Två beteenden är inkompatibla med varandra, om de inte kan utföras samtidigt. Man kan inte tänka en tröstetanke och en skrämmande värsta tanke i samma ögonblick. Alltså är dessa beteenden inkompatibla med varandra.

Inlärd hjälplöshet	*En individ som inte får någon förstärkning på många flitiga och varierade försök, kommer så småningom att drabbas av en generaliserad utsläckning. Inlärd hjälplöshet innebär en allmänt sänkt aktivitetsnivå, apati, håglöshet och ofta av hopplöshetstankar. (Jmf Pike's syndrom)*
Kognition, kognitioner	*Tankebeteende. Beteenden som utförs av hjärnan. Har likheter med yttre, motoriska beteenden genom att de är inlärda och viljemässigt kontrollerbara och vidmakthålls av förstärkningar.*
Kognitiv frikoppling	*Ett sätt att hålla olusttanken kvar och samtidigt koppla loss den från dess skrämmande innehåll, genom att se den för vad den är – som bara "en tanke".*
Känslotanke	*Detsamma som olusttanke. Detta begrepp användes i boken Tvångssyndrom – orsaker och behandling i ett beteendeterapeutsikt perspektiv.*
Motbetingning	*Det som sker om man exponerar eller utsätter sig för sina betingade stimuli (inlärda triggers) utan att fly, undvika eller vidta några säkerhetsbeteenden som helst. Det som sker kallas också habituering.*
Motoriskt beteende (Yttre beteende)	*Beteenden som utförs av muskler och skelett, synliga rörelser och observerbara beteenden. Kallas även motoriska beteenden. Dessa beteenden har likheter med kognitiva beteenden, vilka också är inlärda och viljemässigt kontrollerbara och vidmakthålls av förstärkningar.*
Olusttanke	*Alla tankar som väcker olust, rädsla, ångest, oro, ilska eller obehag av någon sort och som bekämpas med mottankar (tröstetankar) vid ältande.*
Operant beteende	*Motoriskt och kognitivt (tanke-) beteende, dessa är inlärda och viljemässigt kontrollerbara. Alla beteenden vi utför med muskler och skelett samt tankebeteende.*
Parasympaticusreaktion	*Reaktion då kroppens inre anpassar sig till den faktiska situationen. Vilar jag så vilar hjärta, blodtryck och maten smälts och kroppen reparerar sig. Motsatt reaktion till sympaticusreaktion.*
Reaktion	*De beteenden som individen gör för att hantera sin situation. Exempelvis röra sig, idrotta, äta, samtala, tänka, fundera.*
Respondent beteende	*Inre beteende styrt av det autonoma nervsystemet. Beteendet svarar för den inre miljön såsom puls, andning, matsmältning och svettning.*

Stimulus	*Något som föregår och medverkar till att få ett beteende att starta. Det börjar regna (S) vilket gör att jag reagerar (R) med att fälla upp mitt paraply, för att slippa bli våt (K).*
Sympatikusreaktion	*Reaktion i det autonoma nervsystemet vid kraftiga känslor och som inte kan kontrolleras med viljan. Sympatikusreaktionen kännetecknas av ökad puls och blodtryck, avstannad mag- och tarmaktivitet, förändring av blodflödet i kroppen. Sympatikusreaktion är en förberedelse för kamp eller flykt.*
Säkerhetsbeteende	*Varje beteende synligt eller osynligt som fungerar som ångest- eller obehagssänkare. Tröstetankarna är kognitiva säkerhetsbeteenden, dvs. tankar som vi använder i syfte att minska olust i situationen.*
Tröstetanke	*Tanke med sådant innehåll att den ger tillfällig känsla av lugn, glädje, tillfredsställelse. Känslan kan vara mycket liten och knappast märkbar men lika fullt förstärkande. Används vid ältande som mottanke till olusttankar.*
Utsläckning	*När ett beteende inte längre får någon förstärkning (angenäm eller förväntad konsekvens), slocknar det. Motivationen att använda beteenden som inte leder till något försvinner. Vi upphör att utföra meningslösa beteenden.*
Vikariell bestraffning	*Om jag ser att domaren ger matchstraff för spearing, så undviker jag att begå samma misstag (och förstärks även negativt att undvika spearing). Sannolikheten för att jag ska göra samma fel minskar, då jag undviker att bli bestraffad.*
Vikariell förstärkning	*Om jag ser någon få förstärkning på ett beteende, så ökar sannolikheten för att jag ska utföra beteendet.*
Vikariell utsläckning	*Om jag ser annan person utföra ett beteende som inte leder till önskat resultat (förstärkning) avstår jag själv från beteendet.*
Värsta tanken	*Ett sätt att förmå en person att inte ägna sig åt att tänka tröstetankar, då dessa bara förstärker olusttankarna. Värsta tanken är inkompatibelt (oförenligt) med att tänka tröstetankar och förhindrar därigenom tröstetänkande.*

Rekommenderad litteratur

Baldwin, John D. & Baldwin, Janice I:
Behavior Priciples In Everyday Life. Prentice Hall 2001.

Bandura, A: Principles of behaviour Modification. Rinehart&Wiston 1968.

Bandura, A & Walters, R: Social Learning and Personality Development. Holt, Rinehart and Winston 1963.

Bracksick, L.W: Unlock behavior unleash profit. McGraw-Hill. 2000.

Daniels, A: Bringing Out the Best in People. McGraw-Hill 2000.

Dowrick, Peter & Biggs, J: Using Video: Psychological and social applications (1st ed.), New York: Wiley 1983.

Ekvall, Daniel & Wallin-Tornberg, Rasmus:
Studiematerial till Idrottsglädje, prestation, utveckling. Psykologinsats AB 2014.

Goldstein A: Aggression Replacement Training. Research Press 1987.

Harris, Russ: ACT – helt enkelt. Natur Kultur 2011.

Hayes, S. Wilson, K. and Strosahl, K:
Acceptance and Commitment Therapy. The Guilford Press, 1999.

Martin, Gary & Pear, Joseph:
Behavior Modification – What It Is and How to Do It. Prentice Hall 2001.

Rönnberg S: Beteendeanalys. Riktlinjer för analys, datainsamling och utvärdering I beteendeterapi. Stockholm CBM, 1978.

Seligman, Martin: Helplessness: On Depression, Development, and Death. San Francisco: W. H. Freeman, 1975.

Sulzer-Azaroff, B & Mayer, R: Behavior Analysis for Lasting Change. Wadsworth 1991.

Sundel, M & Sundel, S: Behavior Change in the Human Services.Sage Publications 2004.

Wadström, Olle: Att Förstå och Påverka Beteendeproblem. Psykologinsats 2004.

Wadström, Olle: När Mowrer inte räcker till – operant analys av ältande. Beteendeterapeuten, 1, 2013. (pp 12-17).

Wadström, Olle: Sluta älta och grubbla – lättare gjort med kognitiv beteendeterapi. Psykologinsats AB (andra upplagan) 2010.

Wadström, Olle: Tvångssyndrom – orsaker och behandling i ett beteendeterapeutiskt perspektiv. Psykologinsats AB (tredje omarbetade upplagan) 2002.

Williams, Mark, Hodges, Nicola, Scott, Mark & Court, Mike:
Skill Acquisition in Sport. Routledge 2004.

Sluta älta och grubbla

Vi ägnar åtskillig tid åt att oroa oss, älta och grubbla över saker som inte kan ändras eller påverkas. Dagar såväl som sömnlösa nätter. Tidigare har man ofta rekommenderat olika distraktionstekniker, men dessa försvårar på sikt även om de känns bra i stunden. I den här boken får du lära dig hur du ska sluta permanent med detta onödiga självplågeri.

Oro och ältande är som en tennismatch mellan varningshjärnan som hittar hot och faror (olusttankar) och logiska hjärnan som försöker hitta lösningar, förklaringar, utvägar (tröstetankar) trots att inga finns.

Matchen kan fortsätta hur länge som helst ända tills någon av spelarna ger upp – men varningshjärnan gör det aldrig.

Du får lära dig sex tekniker för att få matchen att sluta. Du får också veta varför dessa fungerar. Metoden är ny (2007) och har i två stora forskningsstudier på Karolinska Institutet visat sig vara överraskande effektiv.

"Jag har arbetat med en patient med rejäl ångest- och depressionsproblematik där ältandet har haft en mycket stark framtoning. Framstegen med traditionell KBT var ganska små. Efter att ha läst din bok presenterade jag modellen för patienten och han kunde tänka sig att arbeta utifrån den. Tämligen snart märkte vi båda att det gav kraftfulla resultat. Nu har det gått ytterligare en tid och det är helt otroligt vad som hänt, nästan som trollkonst!"

Socionom, leg psykoterapeut Gudrun Hansson-Lönnqvist

"Hej Olle! Jag vet inte hur jag ska kunna tacka dig. Din bok, sluta grubbla och älta, gav mig en chans till ett liv. Efter förlossningsdepression, OCD och förlamande ångest hade jag gett upp. Jag hittade din bok och den räddade mig. Tack!" */A H*

"Hej Olle, jag har just köpt och läst ut din bok om ältande och ångest. Jag önskar jag hade läst den för tjugo år sedan. Den har gett mig så mycket insikt och verktyg att arbeta med. Tack!" */BJ*

Boken har sålts i flera än 40 000 exemplar (sept 2021) sedan första utgivningen.

Boken (femte reviderade upplagan) finns att beställa hos BOD bokshop och andra boksajter ISBN 9789163945373.
www.bod.se/bokshop

Quit ruminating and brooding

How Worry and Rumination Work and What to Do to Overcome Them

In 2007, the Swedish version of this book was presented, a new method for stopping worrying and ruminating. The method is aims at extinguishing the brain's tendency to produce discomforting, worrying, and intrusive thoughts. This is the opposite of distracting and using soothing techniques that might fuel worry.

Ph D Erik Andersson, Karolinska Institutet Stockholm has studied the effect of the method in two large studies 2017 and 2020. He found it most powerful compared to gold standard Cognitive Behavior Therapy technics for worry and rumination.

In a personal email to the researcher Erik Anderson writes:
"Still better is that the results prevail in the 4 months follow up. What an incredible treatment model you have invented Olle!"

The method has become very popular among people and is now recommended by therapists, psychologists and doctors.
"I have been working with a patient with severe anxiety and depression-problems, where ruminations have been very prominent. Progress with traditional CBT was quite small. After reading your book, I presented your model to the patient, who said he was willing to work with it. Pretty soon, we both noticed that it showed powerful results. Now, a while later, the results are incredible, almost like magic!"

Social counselor and lic. psychotherapist Gudrun Hansson-Lönnqvist

The author: Olle Wadström is a lic. psychologist, a lic. psychotherapist, CBT-supervisor, specialist in the fields of clinical and pedagogical psychology, teacher/lecturer.

Available at BOD bookshop and other book sites ISBN 9789151956800

www.bod.se/bokshop

Att förstå och påverka beteendeproblem

Beteendeproblem förekommer i de flesta miljöer. I hemmen, i skolan, i arbetslaget. Ja överallt där människor finns.

Bekymmer med enkel "ohörsamhet", trots till missbruk, aggressivitet, självskadande beteenden och kriminalitet.

Hur lärs beteenden in? Vad driver människor att bete sig? Vad kan man göra för att påverka beteendet?

Hur uppkommer ångestsyndrom? Och hur botas de?

Boken ger en enkel men ändå utförlig beskrivning av hur man ska gå tillväga för att göra beteendeanalys och hur man sedan kan tillämpa den för att påverka. Många exempel vävs samman med handfasta råd, praktiska förslag och direkta tips i vardagen.

Förklaring hur man bygger upp sitt självförtroende och hur man lämpligen ska hantera konflikter behandlas också.

Boken har sålts i över 23000 exemplar (sept 2021) sedan tredje utgåvan 2004.

Sjätte reviderade upplagan finns att beställa hos BOD bokshop och andra boksajter ISBN 9789163953729.

www.bod.se/bokshop

Tvångssyndrom

– orsaker och behandling i ett beteendeterapeutiskt perspektiv

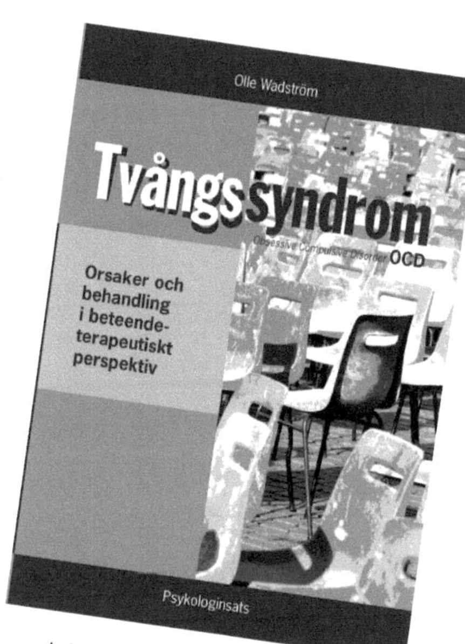

Cirka två till två och en halv procent av alla
människor lider av tvångssyndrom (OCD).
Eftersom man vanligtvis inser att det skräm-
mande tvivlet som tvingar fram tvångsbete-
endena är en produkt av den egna hjärnan,
så skäms man för sitt problem och försöker
dölja det. Dessutom handlar tvivelstankarna
ofta om sådant som är tabu, förbjudet,
skamligt eller är mycket absurt eller
"sjukt".

Personer med OCD har i själva verket en extremt aktiv
hjärna som varnar falskt och som på så vis tvingar fram beteenden för sä-
kerhets skull (tvångsbeteenden).

I boken förklaras hur tvånget fungerar och hur det man ska agera för att få det att
minska och upphöra.

"Olle Wadström har i denna bok gett en utmärkt beskrivning av hur olika former av tvångssyn-
drom yttrar sig, hur de uppkommer och hur man behandlar dem med moderna beteendetera-
peutiska metoder. Boken är främst avsedd för patienter och deras anhöriga, men jag är överty-
gad om att även professionella inom psykiatrin, läkare, psykologer, kuratorer, skötare, m.fl. har
stor glädje av den."
Ur förordet av professor Lars-Göran Öst

"Olle Wadströms bok ger en efterlängtad vägledning till förståelse av tvångssyndromet. Hans
pedagogiska modell, som beskriver tvångstemats inverkan på upplevelse och beteende, är till
stor hjälp för den som vill förstå hur tvånget fungerar.
Samtidigt som boken ger en bild av det lidande tvångssyndromet medför så visar den också
på vägar mot tillfrisknande. Som anhörig får man hjälp att förstå hur och varför man ska för-
söka undvika att dras med i den drabbades tvångsritualer"
Anita Odell, ordförande i OCD förbundet.

Boken har sålts i över 19000 exemplar (sept 2021) sedan första utgivningen.

Sjätte reviderade upplagan finns att beställa hos BOD bokshop och andra boksajter
ISBN 9789163953729.

www.bod.se/bokshop

Kognitiv BeteendeTerapi och lite till

– 49 års erfarenhet som beteendeterapeut

Detta är en bok om min beprövade erfarenhet och sådant som har varit till stor hjälp. Jag har bland annat funnit att medicinsk kunskap har varit en otrolig hjälp för att göra lidandet begripligt och därmed mindre skrämmande för patienterna.

Att arbeta som klinisk beteendeterapeut – med tillämpad beteendeanalys – under en så lång tid som 49 år har varit en lång formnings- eller shaping process. Utifrån ett beteendeanalytisk perspektiv handlar det om min beteendeevolution som terapeut. Framgångsrika terapeutbeteenden har förstärkts och lever kvar medan de mindre framgångsrika har utsläckts. Rutin och beprövad erfarenhet har formats fortlöpande.

Boken ger andra KBT-terapeuter möjlighet att dra nytta av mina erfarenheter och vinna tid genom att undvika att göra samma misstag och fruktlösa försök som jag och inspireras att pröva mina förslag.

Ett kapitel handlar om hur kunskap om vårt nervsystem är hjälpsamt och bidrar till framgång i KBT-behandlingarna.

Det är också min förhoppning att inspirera till en mera inlärningspsykologiskt kritisk syn och göra beteendeanalys när "nya" KBT-metoder dyker upp. Jag gör inte anspråk på att just mina framshapade terapeut- och handledarbeteenden är de allra bästa. Men pröva gärna för att snabbare nå din optimala terapeutstil och potential. Jag delar också med mig av några av mina egenuppfunna upplägg baserade på tillämpad beteendeanalys. Kanske kan du få idéer att pröva egna insatser, för som duktig beteendeanalytiker behöver du aldrig sakna uppslag på insatser eller bli en slav under manualer.

Boken finns att beställa hos BOD bokshop och andra boksajter
ISBN 9789163314476

www.bod.se/bokshop